아오키 카즈코의
특별한 자수 여행

아오키 카즈코 지음 | 배혜영 옮김

petit
2013 Spring–2020 Spring
voyage

시작하며

여행과 자수

여행을 떠나기 전에는 어째서 가슴이 두근거리는 걸까요.

그건 먼 곳이든 가까운 곳이든 변함이 없어요.

여행을 갈 때마다 새로운 사람을 만나고 새로운 문이 열려요.

다른 하늘의 색깔과 공기의 냄새, 주고받는 말까지

직접 보고 듣고 느낀 것에는 창조의 힌트가 있어요.

여행을 하고 아틀리에로 돌아오면

그곳에서 '특별한 여행 자수'가 태어납니다.

voyage
I

2013 Spring – 2015 Spring

010		#1
		꽃집
		젠테(gente)
		– 나미키 요코 씨
014		팬지 봉투
015		꽃가위 케이스
016		#2
		유럽 전통의 토피어리를 퍼뜨리는 데 힘쓰다
		수목 고바야시 가든 토피어리
		– 고바야시 고세이 씨
020		토피어리 패널
021		토피어리 주머니
022		#3
		계절감 있는 모아심기로 인기가 높은 정원사
		플로라 구로다 원예
		– 구로다 겐타로 씨
026		봄의 모아심기 노트
027		바이올렛 크레스 도일리
028		#4
		섬세한 수채화를 그리는 일러스트레이터
		– 가와다 히로 씨
032		가을 겨울 달력
033		안경 케이스
034		#5
		다른 곳에는 없는 풍부한 색깔과 종류의 실을 만들어 낸다
		아트 파이버 엔도(Art Fiber Endo)
		– 엔도 다카코 씨
038		알리움 스케치북
039		White & Blue
040		Yellow & Light Green
041		Pink & Rose
042		Off-White
043		Brown

Contents

시작하며
002 여행과 자수

006 여행의 시작은 언제나
아틀리에에서

110 여행을 마치며

Column
076 여행 수첩

112 how to make

voyage II

2015 Autumn - 2017 Autumn

046 **#6** 허브와 함께하는 생활을 제공한다
다테시나 허벌 노트 심플스
- 하기오 에리코 씨
050 다테시나 들판의 허브 부케
051 와일드 데이지 클로스

052 **#7** 꽃이 피는 시기에만 여는 장미 정원
그린 로즈 가든
- 사이토 요시에 씨
056 장미꽃을 따서
057 가든 백

058 **#8** 꿀벌에 관한 온갖 학술 연구에 힘쓰다
다마가와대학 꿀벌과학연구센터
- 나카무라 준 교수
062 꿀벌 스케치북
063 꿀벌 핀 쿠션과 싸개 단추

064 **#9** 정원용 장미를 절화로. 동경하는 장미가 자라는 곳
이치키와 장미원
- 이치카와 아키히코 씨
068 장미의 이름
069 Jill 북 커버

070 **#10** 고향의 풍경과 동식물을 소재로 무늬를 만들어 낸다
점과 선 무늬 제작소
- 오카 리에코 씨
074 roadside의 꽃
075 roadside의 꽃 똑딱이 파우치

voyage III

2018 Spring - 2020 Spring

080 **#11** 식물뿐 아니라 생태계도 소중히 여기는 꿈의 정원
꽃 공방 유메오리
- 혼조 루미 씨
084 유메오리 정원의 바람
085 들꽃 바구니 커버

086 **#12** 향기의 세계로 이끄는 조향 아틀리에
아틀리에 에센스(ATELIER ESSENCE)
- 다케우치 리사 씨
090 향기의 에센스
091 향주머니

092 **#13** 허브를 통해 새로운 생활을 전한다
마루후쿠 농원
- 구스노세 겐타 씨
096 마루후쿠 농원의 허브
097 허브 엽서

098 **#14** 이야기가 있는 독창적인 과자를 만든다
코토토코 파티세리(cototoko patisserie)
- 쓰지노 고토미 씨
102 코토토코의 사브레
103 화이트 초콜릿 브로치

104 **#15** 북유럽의 생활 소품을 다룬다
루바브(rhubarb)
- 가와이 요코 씨
108 닐스의 이상한 여행
109 파란 히아신스

여행의 시작은 언제나 아틀리에에서

사람은 환경이 달라지면 뇌가 활성화된다고 합니다.
새로운 장소에 가는 것뿐만 아니라 지금까지는 몰랐지만
흥미가 있었던 세계를 아는 일 또한 새로운 자극이 됩니다.
집과 정원과 아틀리에를 오가는 일이 일상의 대부분인
제게 평소 만나고 싶었던 사람들을 찾아가는 여행은
지금까지 몰랐던 세상을 체험하는 것과도 같았습니다.
여행지에서 그 사람들과 이야기를 나눌 때면
보이지 않는 손으로 살짝 악수하는 느낌이 드는 순간이
있었는데, 그것을 계기로 영감이 떠오른 적도 있습니다.
여러분도 저와 함께 여행하는 기분으로
'특별한 여행 자수'를 즐겨 주시면 좋겠습니다.

My voyage starts here always.

voyage

I

2013 Spring – 2015 Spring

영국의 들꽃 씨앗과 그레이트 딕스터 가든 입장권. 큐 가든 근처 석재상에서 산 암모나이트.

petit voyage
#1

꽃집

젠테(gente)
- 나미키 요코 씨

예전에 자수 전시회를 열었을 때 나미키 씨가 어레인지한 꽃바구니를 받은 적이 있습니다. 그 어레인지먼트가 몹시 근사해서 집에 들고 온 뒤, 레슨에서 배운 내용을 거꾸로 되돌려 보듯이 꽃을 한 송이씩 빼내며 꽃 구성을 확인했습니다.

예전부터 나미키 씨의 꽃에 관심이 있었는데, 저서 《영국, 꽃에서 시작되는 여행》을 읽고는 꽃을 사랑하는 나미키 씨의 새로운 면을 알게 되었을 뿐 아니라 제 〈행복한 자수 여행〉 시리즈도 짓게 되었습니다.

도쿄 기치조지에 위치한 나미키 씨의 꽃집 '젠테'는 나미키 씨가 엄선한 계절에 어울리는 꽃이 진열되어 있고, 그 꽃에서 풍기는 다양한 향기가 조화롭게 감돌며, 파리에서 가져온 창문으로 부드러운 햇빛이 비치는 특별한 공간이었습니다. 젠테에는 나미키 씨가 꽃 생산자와 교류하면서 태어난 꽃도 있는데, 여러 겹의 핑크색 꽃잎이 겹쳐진 라넌큘러스는 '샬로트'라고 이름 지었습니다. 또한 젠테에서 이름을 따온 '젠틴'이라는 연핑크색 장미도 있습니다.

여행을 통해 책을 만드는 스타일이 생긴 계기는 나미키 씨의 책이었어요.

꽃을 어레인지할 때에 어떻게 꽃을 고르는지 물었더니, 우선은 꽃을 받는 사람의 상황을 들은 뒤에 그 사람에게 어울릴 만한 꽃을 상상해 고른다고 했습니다. 적당히 만들어 달라고 하면 오히려 무엇을 만들어야 할지 모르겠다고 하더군요. 일례로 괴로운 상황에 처한 사람에게는 부드러운 향기가 나는 꽃을 선택해 조금이라도 마음이 평온해지도록 한다고 합니다. 나미키 씨는 여러 색으로 이루어진 꽃이 어레인지하기 쉽다는데, 마치 연극에서 주인공을 하나 정한 뒤 주인공을 돋보이게 할 조연을 정하듯이 꽃 구성을 늘 머릿속에 그린다고 합니다. 그래서 두 가지 이상의 색으로 피는 꽃에는 반드시 시선이 간다고 합니다. 예를 들면 거베라의 꽃술은 흰색, 노란색 그리고 검은색인데, 검은색을 고르는 편이 주변에 무엇이 와도 적당한 긴장감을 주어 차분하고 멋스럽게 완성됩니다. 아네모네도 중심이 검은색이면 멋져 보인다고 합니다. 나미키 씨의 어레인지먼트가 성숙하게 느껴졌던 이유는 밝은색이라도 분위기를 잡아 주는 색깔을 사용했기 때문이겠지요.

나미키 씨는 향기가 없는 꽃에서도 풀 내음이나 흙 내음을 느끼는데, 그럴 때면 그 꽃과 다소 친밀해진 기분이 든다고 말했습니다. 저는 이 말을 듣고 절화와 정원의 꽃을 즐기고 자수를 놓는 것으로 꽃의 세계에 더욱 가까워지기를 바랐습니다.

색다르게 피는 라넌큘러스 '모로코'. 꽃술이 검어 차분해 보입니다.

실은
라넌큘러스는
수놓기 쉬워요.

1 아오키 씨가 만지고 있는 꽃은 아네모네 원종 '풀겐스'입니다. 2 봄이 흠뻑 느껴지는 튤립에서도 나미키 씨의 센스가 빛납니다. 3 부드러운 핑크색과 꽃잎이 인상적인 '샬로트'. 4 로맨틱한 샹들리에도 가게 분위기에 딱 어울립니다.

젠테(gente) / 나미키 요코
도쿄 출신의 플로리스트. 회사원 시절에 배운 플라워 어레인지먼트를 계기로 꽃의 세계에 깊이 발을 들이게 되었습니다. 현재 도쿄 기치조지에서 꽃집 겸 클래스 '젠테'를 운영하며 꽃과 함께하는 나날을 보내고 있습니다. 저서로는 《손쉽게 즐기는 매일 플라워 어레인지먼트》,《꽃의 비밀》 등이 있습니다.

http://www.gente.jp   인스타그램 @gente_kichijoji

위 팬지도 다양한 종류가 놓여 있었습니다. 가게의 꽃 중에 아오키 씨의 마음을 사로잡은 것은 나미키 씨가 이름 붙인 라넌큘러스 '살로트'입니다. **아래** 계절에 어울리는 근사한 꽃이 놓여 있는 가게 안. 나미키 씨가 엄선한 꽃에 반한 많은 팬이 방문합니다. 나미키 씨 마음에 쏙 드는 멋스러운 창문은 가게에 꼭 사용하고 싶어서 파리에서 가져왔습니다. 창문으로 밝은 햇빛이 들어옵니다.

주인공과 조연…
연극 같은 구성이
어레인지한 작품에 나타나 있습니다.

No. 1 - I
팬지 봉투

꽃 선물은 계절을 알리는 소식이 되기도 합니다. 팬지를 수놓은 봉투에 꽃을 찾아오는 곤충 자수도 곁들여 보세요. 아크릴물감을 칠한 천에 자수를 놓아 봉투 모양으로 만들었습니다.

pattern p.114

No. 1 - II
꽃가위 케이스

꽃가위가 쏙 들어가는 케이스입니다. 안감이 합성 가죽이라서 휴대하기 좋고 실용적입니다. 작품처럼 팬지를 한 송이 수놓거나 혹은 이니셜을 수놓아도 좋겠지요.

how to make p.116

architectural garden plants
TOPIARY

petit voyage
#2

**유럽 전통의 토피어리를
퍼뜨리는 데 힘쓰다**

수목 고바야시 가든 토피어리
- 고바야시 고세이 씨

식물을 깎아 입체적인 모양으로 만드는 '토피어리'를 본 적이 있나요? 유럽의 정원이나 원예에서 빼놓을 수 없는 토피어리는 '초록 조각품'이라고도 불리며, 자연풍 정원에도 좋은 포인트가 됩니다.

고바야시 씨는 일본에서 몇 안 되는 토피어리를 생산 및 판매하는 고바야시 농원을 경영하는데, 유럽을 방문했을 때 토피어리를 만났습니다. 토피어리는 오래된 성과 정원은 물론 일반 가정에까지 보급되어 있었습니다. 가장 많이 봤던 건 '스파이럴'이라고 불리는 똬리를 튼 모양이었습니다. 이 밖에도 피라미드형과 원형 외목대도 많이 볼 수 있었습니다. 틀을 사용하면 에펠탑이나 공룡을 비롯해 동물, 물고기, 도구 등 주변의 어떤 모양으로든 제작할 수 있습니다. 일본의 나무는 1964년 도쿄 올림픽 이후 공공 녹화 사업으로 늘어났기 때문에 자연적인 형태가 대부분이었는데, 유럽에서 나무를 원형이나 사각형 같은 입체적인 모양으로 만든 것을 보고 대단히 흥미로워서 우리도 할 수 있을까 싶어 시행착오를 겪으며 제작해 갔다고 합니다.

> 애지중지하며 손질하는 토피어리는 수공예와 닮았어요. 시간을 들여 키우는 토피어리의 매력을 배웠습니다.

토피어리에서는 조형 틀이 중요한데, 고바야시 씨는 스테인리스로 틀을 만들고 그 안에 나무를 넣은 뒤, 비어져 나온 부분을 깎아 다듬습니다. 저도 정원 일의 연장으로 새 모양의 토피어리를 제작한 적이 있어 큰 토피어리는 만드는 데 어느 정도의 시간이 걸릴지 상상하면서 토피어리 작품을 감상했습니다. 고바야시 씨가 토피어리를 시작했을 때에는 만들기 쉬운 형태인 펭귄이나 토끼, 곰, 돌고래 등의 틀부터 디자인했다고 합니다. 대규모 작품은 용접할 수 있는 별도의 장소에서 제작합니다. 동물 모양은 행사장에서 인기가 있고, 친근한 모양은 노인 복지 시설이나 어린아이가 모여 있는 장소에서 '식물 교육용'으로 사용되기도 합니다. 물을 주거나 손질해 주는 것이 마치 녹색 반려동물을 보살피는 기분입니다.

토피어리에 적합한 나무는 이탈리아에서 토피어리에 사용하는 드라베쥐똥나무(광나무계)로 덩굴처럼 퍼져서 자랍니다. 일본에서는 기후가 맞지 않으므로 현재는 꽝꽝나무 '긴메쓰게'와 침엽수류를 사용한다고 합니다.

저도 유럽에서 토피어리를 본 적은 있지만 자수로 표현하기로 마음먹은 것은 영국 정원 잡지에서 작은 소파 모양 토피어리를 봤을 때였습니다.

지금까지 자수와 토피어리는 전혀 별개의 세계라고 생각했는데, 고바야시 씨 이야기를 들으니 식물을 보면서 이미지를 구체적인 형태로 표현해 가는 과정이 같다는 것을 깨달았습니다.

아오키 씨의 토피어리용 가위와 '수목 고바야시'의 토피어리 팸플릿.

1~3 아오키 씨가 토피어리 제작을 체험했습니다. 틀과 나무를 준비하고 틀에 맞춰 대체적인 모양을 확인한 다음. 불필요한 부분을 가위로 자릅니다. 그리고 전체를 예쁘게 깎아 다듬습니다. 4, 5 물뿌리개를 활용해 디자인한 토피어리 틀. 아오키 씨도 마음에 들어 했습니다. 세상에 나가기를 기다리는 토피어리 틀은 고바야시 씨의 아틀리에 안에서 태어납니다.

틀이 중요해요!

수목 고바야시 가든 토피어리 / 고바야시 고세이
고등학교를 졸업한 뒤 아버지로부터 가업을 물려받아 정원수를 생산하기 시작했습니다. 미국과 유럽을 비롯한 해외 연수를 통해 토피어리의 재미에 매료되어 토피어리 생산을 시작했습니다. 현재 토피어리 및 조형물 생산으로는 일본 굴지의 규모를 자랑합니다.

http://www.gardentopiary.net

왼쪽 토피어리 손질에 도전하는 아오키 씨. **위** 유럽에서 자주 볼 수 있는 '스파이럴' 디자인의 토피어리와 동물 모양 토피어리. 많은 토피어리 샘플을 볼 수 있습니다. **아래** 원형 외목대 토피어리.

'동물 모양 토피어리는 반려동물처럼
키울 수 있다'는 말은 진짜예요!
애정이 샘솟아요.

No. 2 - I

토피어리 패널

여러 형태의 토피어리를 만들었습니다. 토피어리 토대는 녹색 천과 튈 레이스입니다. 재봉틀로 박은 뒤에 잎과 풀을 수놓습니다.

pattern p.120

No. 2 - II
토피어리 주머니

유럽에서 온 토피어리를 일본 전통 조리개 주머니
인 '신겐부쿠로'에 담았어요. 일본에도 예부터 분
재와 둥근 수형으로 정원수를 다듬는 법이 있어서
인지 조화를 잘 이루었습니다.

how to make p.118

petit voyage
#3

**계절감 있는 모아심기로
인기가 높은 정원사**

플로라 구로다 원예
- 구로다 겐타로 씨

'플로라 구로다 원예'의 구로다 겐타로 씨는 인기 원예 블로거로 많은 사람에게 가드닝의 매력을 전하고 있습니다. 이 날은 봄을 맞아 '숲의 봄'을 이미지화한 모아심기 작품을 만들어 주었습니다. 오랫동안 작은 정원을 열심히 가꾸었지만 모아심기는 거의 한 적이 없었기에 어떻게 만드는지 흥미진진했습니다.

이 모아심기는 처음에는 파란 무스카리를 메인으로 사용할 예정이었지만 봄을 이미지화하고자 핑크색으로 바꿨다고 합니다. 핑크색 히아신스를 골랐지만 크기가 크면 너무 눈에 띄므로 꽃이 작은 타입을 선택했고, 나머지는 소박하면서도 높이가 제각기 다르고 색깔도 조화를 이루는 꽃을 골랐습니다. 심기 전 배치를 해 본 뒤에 미니어처 정원풍으로 심었습니다.

저도 자수에서 작은 정원을 디자인할 때, 처음에는 대강 무슨 색깔로 할지 정하고 나서 꽃 모양 등 세세한 부분을 생각하는 경우가 많으므로 모아심기에서 꽃을 고르는 법은 자수 디자인에 참고가 될 것 같았습니다.

자연에서 오려 낸 듯한 소박한 느낌을 중요히 여기며 모아심기를 디자인했군요. 제 자수에도 통용되는 이야기네요.

제 자수에서는 녹색이 중요하므로 바탕이 되는 녹색을 정하면 그 다음에는 무슨 색을 얹어도 그럴듯해 보입니다. 구로다 씨의 모아심기를 보다가 녹색을 멋스럽게 사용하길래 그에 대해 물으니 역시 '잎'을 좋아한다고 답했습니다. 이번 모아심기 작품에는 라임그린색을 넣어서 녹색을 한층 더 살렸다고 합니다.

그 밖에도 신경 쓰는 부분은 식물을 너무 많이 넣지 않는 것입니다. 꽃과 잎이 각기 잘 보이도록 간격을 두거나 재료를 갖춰서 그림을 그리듯이 조합하기도 합니다. 평소에 참고하는 것은 절화 어레인지먼트 잡지라고 합니다. 그리고 구로다 씨는 계절감을 중요하게 생각하고 생산 농가 겸 원예점에서 일하기 때문에 제철 꽃을 가장 좋아한다고 합니다. 수국은 3월부터 있지만 역시 5, 6월이 최적이라고 하네요.

구로다 씨가 선별한 꽃뿐만 아니라 모아심기에 소품을 사용한 모습을 보면, 살짝 매만지기만 해도 식물과 생활이 조화를 이룬다는 것을 실감할 수 있습니다. 빈티지한 가구나 소품을 꽃과 조합하면 소재감이 더욱 느껴지며 키우는 재미와 꾸미는 재미까지 느낄 수 있습니다.

정원 꽃의 배색과 계절의 변화에 따른 식재 그리고 멋스럽게 꾸미는 것도 궁리하기 나름입니다. 원예는 심오하고 무한하게 펼쳐지는 분야입니다.

구로다 씨가 이 날을 위해 만든 모아심기 작품. 히아신스, 무스카리, 프리뮬러, 에리카 등을 조합하고, 흙에는 정원에 있던 부엽토와 잎 등을 넣어서 자연스러운 느낌을 연출했습니다. 소품을 더한 모습도 귀엽습니다.

1 디스플레이가 멋진 가게 안. 식물뿐 아니라 센스 있는 원예용품 등도 많이 진열되어 있습니다. 2 모아심기 작품이 여럿 놓여 있습니다. 녹색과 꽃 색깔의 균형이 훌륭합니다. 화기도 까다롭게 고른다고 합니다. 3, 4 다육식물의 종류가 풍부한 점도 매력 중 하나입니다. 5, 6 계절감이 있는 식물이 많습니다. 7 녹색식물과 소품의 조화가 절묘한 구로다 씨의 작품.

플로라 구로다 원예 / 구로다 겐타로

아버지가 세운 '플로라 구로다 원예'에서 근무하고 있습니다. 센스가 뛰어난 모아심기 작품과 정원 만들기를 제안해 일본 전역 및 해외에도 팬이 많습니다. 《다육식물 열두 달 모아심기》 등 다수의 저서가 있습니다.

http://florakurodaengei.securesite.jp

위 플로라 구로다 원예에 진열된 식물. 낯익은 꽃과 보기 드문 꽃 등 가지각색의 꽃이 진열됩니다. **아래** 모아심기로 계절감이 있는 꽃을 제안합니다. 가게 바깥에 있는 오두막 등은 모두 구로다 씨 아버지의 작품입니다.

배색, 균형…
모아심기와 자수의 공통점이 보입니다.
녹색도 훌륭하게 사용했어요.

No. 3 - I
봄의 모아심기 노트

'숲의 봄'을 이미지화한 구로다 씨의 모아심기 작품에 쓰인 꽃과 녹색식물을 하나씩 수놓았습니다. 모양과 크기에는 변화를 주었지만 꽃 색깔은 비슷하게 사용해서 부드럽게 완성했습니다.

pattern p.121

No. 3 - II
바이올렛 크레스 도일리

모아심기 작품에 쓰인 꽃 중에서 바이올렛 크레스가 제일 마음에 들어요. 제비꽃을 약간 닮은 작은 꽃에 하트 모양의 잎이 달렸어요. 뛰어난 조연을 흰색 실로 수놓아 도일리를 만들었습니다.

how to make p.122

petit voyage
#4

**섬세한 수채화를 그리는
일러스트레이터**

- 가와다 히로 씨

식물과 주변의 사물을 모티프로 한 부드러운 터치의 일러스트와 센스가 뛰어난 콜라주 작품을 제작하는 가와다 히로 씨와는 우연한 만남이 거듭되었습니다. 예전에 영국에 갔을 때 오래된 호텔의 난로 앞에 〈컨트리 리빙〉이라는 영국 잡지가 놓여 있었습니다. 페이지를 훌훌 넘기다가 작은 일러스트가 눈에 들어왔는데, 꾸밈없고 매우 근사해 보여 나중에 그 잡지를 영국에서 주문해 구독했습니다. 왼쪽 페이지의 크리스마스 콜라주도 실시간으로 봤습니다.

이후 일본 전시회에서 가와다 씨를 만났고 잠시 동안 가와다 씨의 강좌에도 다녔습니다. 어떻게 일러스트를 그리는지 눈앞에서 보고 싶었습니다. 강좌에서 시범을 보일 때에는 제작 도구와 재료를 옆에 갖춰 놓고 모티프를 그리거나 펜으로 글씨를 쓱쓱 쓰거나 했습니다. 숨을 쉬듯 무심히 그리는 모습을 보고 있으니 저도 술술 그릴 수 있을 듯한 기분이 들어 신기했습니다. 투명 수채 물감으로 그리는 섬세한 일러스트는 거의 그림 붓 한 자루만을 사용합니다. 좋은 붓은 늘 끝이 쭉 뻗어 있어서 물감을 잘 머금는다고 합니다. 좋은 도구를 쓰면 완성도가 다르다고 하더군요.

> "보고 또 보고 싶은
> 작품을 만들고 싶어요."
> 그 말에 깊이 고개를 끄덕였습니다.

일러스트와 콜라주 아이디어가 샘솟는 비결을 물으니, 가와다 씨는 반복하는 것을 좋아하지 않기 때문에 항상 새로운 경험을 하고 싶어 한다고 했습니다. 기억하지 못할 만큼 많은 체험을 하는 것이 중요하며 작은 일에 매일 감동하므로 아이디어가 모래알처럼 잔뜩 있다고 합니다.

가와다 씨는 언제 만나도 활기가 넘치지만 역시나 자기 스스로 활기차게 지내려고 노력하고, 평소보다 세 배는 힘내자는 마음가짐을 가지고 하루하루를 보냅니다. 자신이 가장 즐거워야 비로소 사람들에게 전할 수 있는 작품이 태어난다고 했습니다. 보고 또 보고 싶은 작품을 만들고 싶고, 표현하려는 이미지를 사전에 완전히 파악하고 있는 것이 중요하다고도 말해 주었습니다.

시원스럽게 그린 일러스트는 사실 밑그림도 그리지 않고 갑자기 그리기 시작해서 마음에 들 때까지 몇 번이고 고쳐 그린답니다. 솔직하게 말하자면 작업실에 틀어박혀서 작품에 집중하는 생활도 동경하지만, 일상생활도 충실히 보내고 싶다고 합니다. 매일 제대로 된 생활을 하려고 노력하며 그런 생활로부터 모티프가 태어나는 일도 있습니다. 저는 그런 이야기를 해 준 가와다 씨의 매일을 살아가는 자세로부터 그녀만의 훌륭한 일러스트가 태어나는 것이라고 확신했습니다.

콜라주와 일러스트를 조합한 가와다 씨가 아끼는 작품. 섬세한 터치와 각각의 모티프가 무척 매력적입니다.

1 작가끼리 만나니 작품 제작과 아이디어 등에 관한 이야기가 끊임없이 이어집니다. 2 일러스트 원화와 그 일러스트가 실린 잡지의 페이지. 3 이 작품의 작은 글씨도 모두 이 붓 한 자루로 씁니다. 4 펼치는 것이 즐거운 미니어처 책. 글씨와 일러스트, 원단과 리본의 균형 등 보는 사람을 즐겁게 하는 요소가 가득합니다. 5 이 가와다 씨의 일러스트를 아오키 씨가 자수로 표현했습니다. 32쪽의 작품에 등장합니다.

일러스트레이터 / 가와다 히로

무사시노미술단기대학 디자인과를 졸업한 뒤 일러스트레이터로 활약하다가 영국으로 건너갔습니다. 1998년부터 11년간 잡지 〈컨트리 리빙(COUNTRY LIVING)〉에 일러스트를 실었습니다. 귀국하여 잡지와 삽화, 장정 외에 에세이, 수공예 등으로 활동 분야를 넓혔습니다. 도쿄, 누마즈 시에서 수채화와 콜라주 강좌 'Hiro's Art Class'를 운영하고 있습니다.

인스타그램 @hiro.kawada_artist

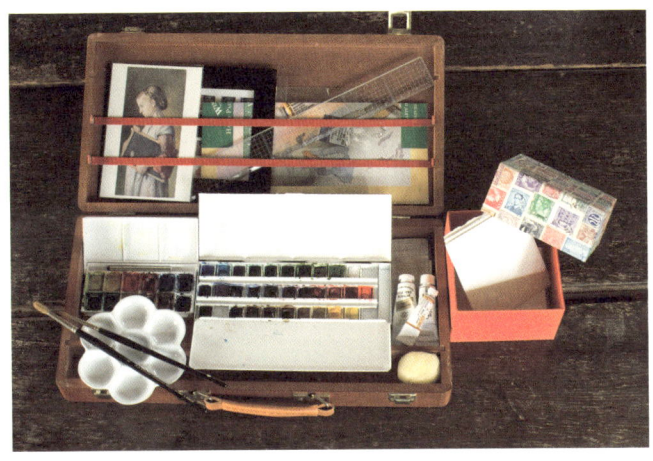

위 가와다 씨의 화구. 엄선된 도구 한 벌이 정리되어 있습니다. 오른쪽 상자는 수집한 오래된 우표를 붙여 제작했습니다. **아래** 영문 메시지와 일러스트를 번갈아 배치한 미니어처 책은 가와다 씨의 작품입니다. 배색에도 마음이 끌립니다. 미니어처 책 시리즈는 이미지에 따라 표지 천의 무늬를 바꿔서 만듭니다. 리본 끝에도 각각에 어울리는 장식을 달았습니다.

"자신이 가장 즐거워야 비로소
사람들에게 전할 수 있는 작품이 태어나더라고요."
그 말을 듣고 깨닫는 바가 있었어요.

No. 4 - I
가을 겨울 달력

언젠가 수놓고 싶었던 가와다 씨의 일러스트를 수놓아 달력을 만들었어요. 각각의 일러스트에 영국 풍경과 계절의 이야기가 담겨 있어서 자수를 놓으며 작은 여행을 하는 기분이었습니다.

pattern p.123

No. 4 - Ⅱ

안경 케이스

가와다 씨의 일러스트에서 대륙검은지빠귀와 크리스마스트리를 골라 안경 케이스를 만들었어요. 돋보기안경이 늘 필요하므로 부드러운 케이스가 있으면 편리해요.

how to make p.124

petit voyage
#5

**다른 곳에는 없는 풍부한
색깔과 종류의 실을 만들어 낸다**

아트 파이버 엔도(Art Fiber Endo)
- 엔도 다카코 씨

자연을 견본으로 삼아 까다롭게 만든 색깔, 다른 곳에는 없는 풍부한 소재감을 가진 '아트 파이버 엔도'의 실은 일본 교토에 있는 대대로 내려온 염색 공방에서 태어납니다. 주변에 실이 있는 환경에서 자란 엔도 다카코 씨는 교토에서 '영국 근대 자수전'을 보고 난 뒤 수예용 실을 만들기 시작했습니다. 늘 주위에 있던 실을 물들여서 수예를 하는 많은 사람에게 전하고 싶었다고 합니다. 벌써 30년쯤 전의 일입니다. 자수라 하면 전통 도안대로 깔끔하게 수놓는 것이 일반적이던 시절입니다.

저도 같은 전람회를 도쿄에서 보고는 이렇게 자유로이 수를 놓자고 방향을 정했습니다. 자수에는 실용성과 함께 '표현'이라는 재미가 있으므로 시행착오를 거듭하면서 제작해 나갔습니다. 디자인과 스티치에 실의 힘과 천의 재미를 더하면 더욱 다양한 표현을 할 수 있습니다.

리넨 실에는 탄력이 있어서 꼭 리넨 실을 사용하고 싶을 때에는 아트 파이버 엔도 리넨 실의 도움을 받아 왔습니다. 필요한 색깔이 딱 갖춰져 있고, 특히 녹색이 훌륭해서 정원 일과 수예를 하는 저에게는 안성맞춤입니다. 그리고 얼룩덜룩한 무늬로 염색된 튈 레이스와 오건디를 사용하면 실로는 표현할 수 없는 느낌을 낼 수 있습니다.

엔도 씨가 만들어 내는 실 색깔이 교토의 역사나 기질과 밀접히 연관되어 있는지 물어보니, 엔도 씨 자신이 아름다운 것을 강하게 동경하므로 자연의 초목과 꽃을 보고 비교하면서 염색한다고 답했습니다. 예전부터 있던 색도 필요하지만, 자수를 놓는 사람이 원하는 색에 최대한 가깝게 만들려고 노력합니다. 특히 리넨은 실제로 새하얗게 표백하는데, 천연 소재의 특색을 살리고 싶어서 자연색인 상태에서 그대로 염색하기도 합니다. 엔도 씨는 앞으로도 큰 제조사에는 없는 실과 특유의 색을 만들어 갈 생각입니다.

일반적인 리넨 실과 실크 실 외에, 표면에 섬유 덩어리를 불규칙하게 넣은 실이나 장식실이라고도 하는 팬시 얀이 다양하게 갖춰져 있는 것도 아트 파이버 엔도의 특징입니다. 수놓기 어려운 실도 있지만 개성이 있는 실을 보면 어떻게 사용할까 상상하게 되므로 보기만 해도 즐거워집니다. 해외에서도 팬시 얀을 입수해 모아 놓는 이유는 곧바로 무언가에 쓰기 위해서가 아니라, 필요해졌을 때 그 실이 있는 것이 중요하기 때문입니다. 자수에 있어서 실은 소중한 파트너입니다. 실을 통해 영감이 솟아나기도 하기에 교토에서 만드는 실에서 눈을 뗄 수 없습니다.

> "최종적으로는 사람의 눈으로 보고 납득할 때까지 색 내기를 반복해요."
> 이 말에 아트 파이버 엔도 그 자체가 담겨 있습니다.

리넨 실에서도 녹색 계열이 가장 인기가 있습니다. 까다롭게 만들어 낸 색깔의 실이 작품에 깊이를 줍니다. 컴퓨터를 사용해 세세하게 배합한 염료로 시험 염색을 하고 있습니다.

1 자료와 색 표본. 색 종류를 보니 마음이 들뜹니다. 2 툴과 오건디를 함께 쓰면 작품에 깊이를 더할 수 있습니다. 녹색 얼룩무늬가 아름답습니다. 3 초목으로 염색하던 시대의 귀중한 자료. 4 팬시 얀도 색깔별로 종류가 풍부합니다. 상상의 폭이 넓어집니다. 5 가게 근처에 있는 염색장에서 설명을 해 준 3대 장인 엔도 고스케 씨. 6 소재감, 색깔 등 실에 정통한 아트 파이버 엔도의 독자적인 제품. 7 400종에 달하는 염료를 조합해 모든 색을 만듭니다.

아트 파이버 엔도(Art Fiber Endo) / 엔도 다카코

교토 노트르담여자대학 문학부를 졸업한 뒤 엔도 염색에서 염색 업무를 맡았습니다. 30년쯤 전에 '영국 근대 자수전'의 작품을 보고 감명을 받아 실과 색깔을 전문으로 다루는 '아트 파이버 엔도'를 설립해 운영하고 있습니다. 도쿄와 요코하마, 오사카에서 개최되는 이벤트에 매년 출품해 새로운 소재를 발표하고 있습니다.

https://www.artfiberendo.co.jp

위 다양한 보라색 팬지 안을 노트에 붙였습니다. **아래** 이번 취재에 맞춰서 염색해 준 실(오른쪽에서부터 세 종류의 실). 녹색 실 두 종류는 앞쪽 녹색 실과 미묘하게 색깔이 다르게 나오도록 잘 염색했다고 아오키 씨도 극찬했습니다.

'자연을 견본으로 한 실 색깔을
만들겠다'는 생각이 담긴 실입니다.
제 작품에 없어서는 안 될 재료입니다.

No. 5 - I
알리움 스케치북

아트 파이버 엔도의 리넨 실과 튈 등을 조합해 알리움을 수놓았습니다. 영감을 받은 팬시 얀도 콜라주풍으로 붙였습니다.

pattern p.126

No. 5 - II

White & Blue

**팬시 얀은 보기만 해도 상상력이 부풀어 오릅니다.
개성이 풍부해서 보는 즐거움이 있기 때문입니다.
이 작품은 바탕천에 프린트 천을 얹고, 팬시 얀을 재
봉틀로 박거나 본드로 붙이기만 하면 완성됩니다.**
how to make p.127

No. 5 – III

Yellow & Light Green

몰 얀은 미모사 꽃을 수놓기에 제격으로, 프렌치너트 스티치 하나로 꽃 한 송이가 만들어집니다. 면실과 실크 실로 미모사 리스도 만들었습니다.

pattern p.128

No. 5 - IV

Pink & Rose

팬시 얀 중에서 장미색을 골라 봤어요. 깊이가 있는 어두운 빛깔의 장미에는 몰 얀이 어울립니다. 작품에 붙인 실에서 연상되는 장미가 있을지도 모르겠네요.

pattern p.129

No. 5 - V

Off-White

폭신한 모헤어 실을 사용해 민들레 솜털을 만들었어요. 실을 고정하는 간단한 방법으로 만들지만, 씨까지 이어지는 가는 부분을 빈틈없이 수놓아 대조를 이루게 하면 모헤어 실을 강조할 수 있답니다.

pattern p.130

No. 5 – VI

Brown

재료를 고를 때에는 여러 가지를 조합해 보고
좋은 감촉도 느끼면서 조금씩 결정해 가요. 이
작품에서는 나무 자수 위에 팬시 얀과 튈을 이
것저것 얹어서 정했습니다.

pattern p.131

voyage
II
2015 Autumn – 2017 Autumn

영국의 씨앗 봉투와 덴마크 유틀란트반도 북부의 해안에서 주운 돌.

petit voyage
#6

**허브와 함께하는
생활을 제공한다**

다테시나 허벌 노트 심플스
- 하기오 에리코 씨

지인이 《향기의 문, 풀 의자》라는 책을 선물해 준 일이 있습니다. 다테시나에 있는 '다테시나 허벌 노트 심플스'의 주인 하기오 에리코 씨가 자연과 함께 생활하면서 식물이 지닌 힘과 치유 효과 그리고 계절의 흐름과 감촉을 이야기해 주는 책이었습니다.
하기오 씨는 파리에 있는 약초 가게의 사진을 통해서 허브와 만났습니다. 그 사진을 보고 식물에는 힘이 있으므로 사람의 생활에 필요하다고 생각해 허브와 관련된 일을 하기로 마음먹었다고 합니다. 당시에는 허브 씨앗도 모종도 없었지만 그래도 가까스로 구해서 재배하기 시작했습니다. 건강에 이로운 허브는 향기를 즐기거나 음식에 포인트로 더하기도 합니다. 아로마 테라피는 동물의 뇌 중추에 직접 작용합니다. 꾸준히 하면 마치 문 건너편의 세계가 보이는 듯한 느낌이 드는 본능적인 요법으로, 향기가 확 와닿아 우리에게 말을 걸어오는 일이 많다고 합니다.
그런 사연 중 하나로 제 가슴에 남은 이야기는 암으로 식사를 하지 못하게 된 친구에게 '안개 밥'을 보내 준 일입니다. 향기를 '안개 밥'이라고 이름 붙여 하루 네 번 보냈다고 합니다. 아침에는 자몽 등의 감귤계 향, 점심에는 고수·페퍼민트·레몬 향, 밤에는 생강·귤 향의 젤을 손목에 바르게 했습니다. 간식으로는 바닐라 향을 주었다고 합니다. 나중에 친구가 매우 기쁜 표정으로 다른 세계에 가서 밥을 먹은 기분이었다고 했다더군요. 향기는 기억의 서랍을 열어 주므로 향기를 맡으면 어떤 기억을 떠올리거나 느낄 수 있습니다.

> "허브 향기는 기억에 직접 작용합니다. 향기는 때로 언어를 뛰어넘습니다."

그래서 해가 갈수록 기억의 서랍이 잘 열리지 않는 저에게는 어떤 허브가 도움이 되는지 물으니 로즈메리라고 답해 주었습니다. 로즈메리 향기는 언어와 기억을 자극하는데, 하기오 씨는 로즈메리 향기를 맡으면 남프랑스에서 지냈던 젊고 살갗이 햇볕에 그을렸던 시절이 떠올라 즐거운 기분이 된다고 합니다. 저는 딜 향기를 맡으면 스웨덴에 있던 때가 떠오릅니다. 여름이 되면 딜을 넣고 감자를 삶았거든요. 향기는 정말 기억과 많이 관련되어 있습니다. 향기를 즐기며 수분을 섭취할 수 있는 방법으로 허브티도 권해 주었습니다. 차를 마시는 시간에는 한숨 돌리며 편안히 휴식을 취할 수도 있습니다.
도시에서 바쁜 나날을 보내던 하기오 씨는 다테시나에 왔을 때, '이곳이라면 자유롭게 지낼 수 있을 것 같다. 너무 열심히 살지 말자'라는 생각을 했다고 합니다. 그 뒤로 다테시나 허벌 노트 심플스를 시작해 현재는 병원 정신과에서 봉사 활동도 하면서 힘든 사람들에게 마음이 편안해지는 향기를 선물한다고 합니다.

하기오 씨가 아오키 씨에게 선물한, 정원에서 딴 허브로 만든 부케.

1 노을 색깔을 띤 베르가못 티. 2 나무 간판이 손님을 따뜻하게 맞이합니다. 3 하기오 씨는 해외에 가면 무거워도 책만은 꼭 사 옵니다. 4 부케에서 부드러운 들판의 향이 납니다. 5 스위트 시슬리의 씨를 땁니다. 아니스 같은 향기가 납니다. 6 꽃잎을 말려 포푸리 재료로 씁니다. 7 나무와 어우러진 다테시나 허벌 노트 심플스.

다테시나 허벌 노트 심플스 / 하기오 에리코

1976년 도쿄에서 다테시나로 이주해 허브 전문점 '다테시나 허벌 노트 심플스'를 열었습니다. 강연과 강습, 집필 활동과 함께 병원에서 원예 작업 및 아로마 케어를 중심으로 한 봉사 활동을 하고 있습니다. 나드 아로마 테라피 협회가 인정하는 아로마 트레이너입니다. 저서로는《향기의 문, 풀 의자》등이 있습니다.

https://www.herbalnote.co.jp

위 창 바깥으로 펼쳐진 정원. 빨려 들어갈 것 같은 고요함이 느껴집니다. **아래** 다양한 종류의 말린 허브가 병에 담겨 진열된 가게 안. 말린 허브와 에센셜 오일, 허브티 외에도 소품과 식기, 카드 등이 진열되어 있습니다.

"향기는 기억의 서랍을 열어 줘요. 향기를 맡으면 어떤 기억을 떠올리거나 느낄 수 있어요."
처음 접하는데 왠지 모르게 그리워요. 식물의 힘은 대단합니다.

No. 6 - I
다테시나 들판의 허브 부케

하기오 씨가 숲속에서 딴 허브로 만든 부케는 무척 향기로웠어요. 나중에 하나하나 풀어서 물을 담은 흰색 접시에 리스처럼 배치한 뒤 스케치했습니다.

pattern p.132

No. 6 - II
와일드 데이지 클로스

다테시나 허벌 노트 심플스에서 받은 찻잔에는 와일드 데이지가 그려져 있었어요. 그 데이지를 가게의 오리지널 상품인 라트비아의 리넨 클로스에 수놓았습니다.

how to make p.133

petit voyage
#7

꽃이 피는 시기에만 여는
장미 정원

그린 로즈 가든
- 사이토 요시에 씨

꽃을 다룬 잡지에서 비밀의 화원 같은 정원의 일러스트 지도를 봤을 때부터 이 정원의 오솔길을 걸어 보고 싶었습니다. '그린 로즈 가든'은 꽃이 피는 시기에만 여는 사이타마현 모로야마정에 있는 프라이빗 가든입니다.

주인 사이토 요시에 씨가 남편과 풀베기부터 시작해 시아버지가 남긴 정원의 장미 20포기를 돌보는 사이 조금씩 장미가 늘어나더니 어느샌가 장미 정원이 되어 있었다고 합니다. 정원이라고 해도 집 주위가 잡목림에 둘러싸인 무척 넓고 조용한 공간이어서 그곳만 다른 세상 같았습니다. 처음에는 자기 스타일대로 정원을 가꾸었지만, 덩굴장미의 일인자 고(故) 무라타 하루오 씨를 만나고 나서는 각각의 장미에 맞는 수형 만들기와 아름답게 보이는 방법을 연구해 정원을 만들어 갔습니다. 정원의 장미가 좋은 평을 얻어서 보러 오는 사람이 늘자, 정원 일을 하는 날과 장미를 공개하는 날을 나누어 일정 기간만 열기로 했습니다.

사이토 씨가 좋아하는 장미는 원종계와 덩굴장미로 400~500여 종이 있다고 합니다.

"생명력 넘치는 자연과 대화하는 듯한 시간을 보내고 있어요. 봄에 싹이 돋아나는 모습은 정말 멋지고 기적 같아요."

노란색 장미는 눈에 띄므로 신중하게 고르고, 핑크색과 흰색, 파란색, 보라색을 중심으로 장미의 높이에 맞춘 키가 큰 꽃을 조합한다고 합니다. 자연 그대로의 화초와 메탈릭한 색깔의 신종 디지탈리스도 함께 심어져 있었는데, 다른 꽃과 조화를 이룬 이유는 색깔을 잘 조합해서였네요.

정원 입구에는 헛간을 개조한 그린 로즈 카페가 있는데 카페 선반에는 물뿌리개와 바구니가 여럿 놓여 있었습니다. 해외나 여행지에서 찾은 것들입니다. 그린 로즈 카페의 볼거리라 하면 물뿌리개에 장식한 정원의 꽃입니다. 방문한 날에도 테이블 위에 놓여 있었습니다. 장미 정원을 느긋하게 산책한 뒤에 갖는 카페에서의 티타임까지 장미 애호가에게는 더없이 행복한 시간을 보낼 수 있는 곳입니다. 이만한 장미와 식물이 한꺼번에 꽃을 피웠는데도 자연스럽고 그립게 느껴지는 까닭은 사이토 씨가 보여 주기만을 위한 화려한 정원이 아닌 마음이 차분해지는 정원, 찾아오는 사람이 오래도록 머물러도 편안한 정원을 목표로 해서입니다. 서둘러 만들지 않은 오랜 세월에 걸쳐 시간이 만드는 정원을 소중히 여기려 합니다.

원종 장미 로사 물리가니가 카페를 뒤덮듯이 피어 있었습니다. 가을에 로즈 힙이 열리면 참 멋지겠지요. 봄에 싹이 틀 때도 가을에 결실을 맺을 때에도 오고 싶은 그린 로즈 가든입니다.

향기로운 장미 터널. 수많은 종류의 장미는 장미 애호가뿐 아니라 장미 초보자도 즐겁게 해 줍니다.

1 멋진 정원을 보면서 카페에서 케이크도 먹을 수 있습니다. 2 디기탈리스. 3 잉글리시 로즈 '에블린'. 4 카페 안에는 물뿌리개와 바구니 컬렉션이 센스 있게 진열되어 있습니다. 5 오솔길 옆에 핀 많은 꽃이 맞이해 줍니다. 6 카페 테이블에는 물뿌리개에 장식한 장미를 놓았습니다. 7 코너별로 즐길 수 있는 아이디어가 가득합니다.

그린 로즈 가든 / 사이토 요시에

'그린 로즈 가든'의 주인. 1984년 도쿄에서 모로야마정으로 옮겨 와 살면서 자택에 정원을 만들기 시작했습니다. 2006년 오픈 가든과 카페를 시작해 현재는 해외에서도 많은 사람이 찾아오고 있습니다.

https://ameblo.jp/greenrosegarden

위 델피니움과 화이트 레이스 플라워. 생명력 넘치는 정원을 바라보며 재배법과 식물 종류 등에 관해 이야기꽃을 피웠습니다. **아래** 선명한 녹색이 넘치는 아치.

"서둘러 만들지 않은 오랜 세월에 걸쳐
시간이 만드는 정원을 소중히 여기려고 해요."
그래서 식물 자체의 힘이 느껴져 마음이 끌리고 몇 번이나 보고 싶어지는가 봅니다.

No. 7 - I
장미꽃을 따서

그린 로즈 가든에서 만난 장미와 꽃을 모아 물뿌리개에 장식했어요. 정원 여기저기에 오너먼트가 잘 어우러지게 놓여 있어서 찾는 재미가 쏠쏠해요.

pattern p.136

No. 7 - II

가든 백

정원 일을 할 때, 특히 장미를 돌볼 때에는 삼끈이
필수품입니다. 작업할 때 근처에 있는 가지에 걸어
두거나 벨트에 꿰어서 사용합니다. 새 오너먼트를
수놓아서 삼끈용 가방을 만들었습니다.

how to make p.134

petit voyage
#8

**꿀벌에 관한 온갖
학술 연구에 힘쓰다**

다마가와대학 꿀벌과학연구센터
- 나카무라 준 교수

작은 정원이지만 사계절에 걸쳐 식물을 가꾸다 보면 곤충과 꽃의 친밀한 관계를 깨닫지 않을 수 없습니다. 그중에서도 꿀벌은 로즈 힙을 얻기 위해 심은 돌가시나무의 개화와 더불어 대규모로 찾아오는데, 그 날개 소리에 봄의 행복을 느낍니다.

오래전에 다마가와대학에 다니던 친구에게서 그 대학에 있는 꿀벌 연구실의 벌꿀을 받은 적이 있습니다. 현재는 '꿀벌과학연구센터'가 되어서 꿀벌에 관한 것이라면 어느 학술 분야에서든 연구한다는 입장을 가지고 있습니다. 이 센터의 나카무라 준 교수에 따르면 생태에 관해 조사하는 사람이 있는가 하면, 뇌 과학 측면에서 연구하는 사람도 있다고 합니다. 제 주위에서는 꿀벌을 직접 키우거나 봉사 활동으로 돌보는 등 개인적으로 사육하는 사람이 늘고 있는데, 세계 각국에서는 꽤 오래전부터 사육한 역사가 있어서 독일에서는 반려동물이라 하면 개나 고양이 아니면 꿀벌을 떠올린다고 합니다.

꿀벌의 수명은 한 달가량으로 마지막 열흘 동안에 꿀을 모읍니다. 그때까지는 벌집 안에서 육아를 합니다. 한 벌통에 양봉꿀벌의 경우 2만 5천~3만 마리, 일본꿀벌은 1만 5천~2만 마리가 살고 있으며, 그 안에 여왕벌 한 마리가 벌집 바깥으로 나가지 않고 일벌에게 먹이를 받아먹으며 수명의 3분의 2 정도에 해당하는 시간 동안 줄곧 알을 낳습니다. 참고로 일벌도 암컷뿐으로 수컷은 공중에서 교미한 뒤에 죽는다고 합니다. 벌은 벌집 바깥에 똥을 누거나 벌집 주변을 청소하는 등 뇌의 크기가 2㎜ 정도임에도 불구하고 상당히 많은 일을 할 수 있어 뇌 과학 분야에서도 주목을 받고 있다고 합니다.

꿀벌이 살아가기 위해서 환경과 좋아하는 식물 등이 얼마나 중요한지 알고 나니, 정원 만들기와 자연환경에 더욱 마음이 쓰여요.

저는 자수 모티프로 서양뒤영벌과 꿀벌을 많이 사용하는데, 이 밖에도 일본에는 야생 호박벌이 15종 있고 제각기 그 나름의 개성이 있다고 합니다. 가드닝 쇼에서 보고 서양뒤영벌이라고 생각했던 벌은 어쩌면 야생 호박벌이었을지도 모릅니다. 꿀벌에는 야생종인 일본꿀벌과 가축종인 양봉꿀벌이 있습니다. 양봉꿀벌에도 품종이 있으며, 봄이 되면 돌가시나무에 오는 작은 벌과 큰 벌도 거의 양봉꿀벌인 모양입니다.

꿀벌이 살아가기 위해서는 환경과 좋아하는 식물 등도 중요하므로 나카무라 교수는 꿀벌과 그들이 이용하는 자원의 관계를 연구하고 있습니다. 여러 분야에 종사하는 분들이 꿀벌과 꽃에 관심을 가지길 바란다고 전했습니다.

벌통을 열면 널빤지 위쪽과 사이사이에 꿀벌이 잔뜩 있습니다. 꿀벌은 저마다 색깔과 생김새가 다릅니다.

1 꿀벌과학연구센터에서 채집한 벌꿀. 2 아오키 씨의 작품 속 벌 자수. 3 정면에서 본 양봉꿀벌. 4 벌통 널빤지 위에서 분주히 움직이는 꿀벌. 5 벌에 쏘이지 않게 망사가 달린 모자를 쓰고 열심히 이야기를 듣는 아오키 씨. 6 벌이 좋아하는 식물의 씨앗 봉투에는 알아보기 쉽게 벌 마크가 있습니다. 7 벌통을 열 때에는 훈연기로 벌에게 연기를 내뿜어 움직임을 둔하게 합니다.

다마가와대학 꿀벌과학연구센터 / 나카무라 준

다마가와대학 대학원 농학연구과 박사 과정을 수료했습니다. 청년 해외협력대 일원으로 네팔에 파견되어 양봉을 지도했습니다. 태국 방콕에 있는 쭐랄롱꼰대학의 연구생을 거쳐 2007년부터 다마가와대학 학술연구소 교수, 2017년부터 다마가와대학 농학부 선단식농학과 교수로 재직하고 있습니다. 전문 분야는 꿀벌 행동학 및 생산물에 관한 연구입니다.

https://www.tamagawa.jp/research/academic/center/honey.html

위 벌통 안에 단 한 마리뿐인 여왕벌. 사진처럼 여왕벌을 일벌이 둘러싼 상태를 '로열 코트'라 합니다. 아래 벌통 널 빤지에 빽빽이 달라붙어 있는 벌. 나카무라 교수가 천천히 움직이면 벌은 공격하지 않는다고 알려 주고 있습니다.

"벌은 뇌의 크기가 2mm 정도임에도 불구하고 상당히 많은 일을 할 수 있어 뇌 과학 분야에서도 주목을 받고 있습니다." 꿀벌을 좋아하는 저의 흥미가 끊이질 않습니다.

No. 8 - I
꿀벌 스케치북

여왕벌을 일벌이 둘러싸는 로열 코트를 자수로
그렸습니다. 주위에는 벌집의 육각형 무늬를 수놓
았습니다. 일벌보다 약간 큰 '드론(Drone)'은 수벌
입니다.

pattern p.137

No. 8 - II

꿀벌 핀 쿠션과 싸개 단추

수공예를 사랑하는 사람들의 모임은 이름 끝에 '비(Bee)'라는 말을 붙여 부르기도 합니다. 열심히 수공예를 하는 모습에서 벌을 떠올린 걸까요? 이 핀 쿠션은 그런 바느질을 좋아하는 분에게 딱 어울려요.

how to make p.138

petit voyage
#9

**정원용 장미를 절화로,
동경하는 장미가 자라는 곳**

이치카와 장미원
- 이치카와 아키히코 씨

청초한 흰색 홑꽃 장미를 정원에 심고 싶어서 찾아다녔을 때, 이미지에 딱 맞는 '질'이라는 이름의 장미를 만났습니다. 그 장미는 '이치카와 장미원'이 만든 절화용 품종이라서 정원에 심지는 못했지만, 그 후 동경하는 장미가 피는 이치카와 장미원을 방문할 수 있었습니다. 줄기가 굵고 곧으며 꽃의 중심부가 높이 솟고 꽃잎은 뾰족하며 향기는 없는 절화용 장미가 일반적이었던 20년 전, 이치카와 장미원은 향기도 즐길 수 있는 정원용 품종의 장미를 절화용 장미에 도입하였습니다. 그 계기는 프랑스의 장미 정원에서 본 '이브 피아제'였습니다. 장미를 좋아하는 사람이라면 곧바로 풍성한 꽃잎의 화려한 꽃과 짙은 향기를 떠올릴 겁니다. 정원용 장미를 절화로 사용한 것은 당시로는 혁신적인 일이었습니다.

현재 이곳에서 재배하는 장미는 이치카와 장미원에서 만든 오리지널 품종이 대부분입니다. 새로운 장미를 육종 중인 하우스에 들어가니 제 키보다 크게 성장한 장미가 줄기가 휘어질 만큼 커다란 꽃을 피우고 있었고, 그 외에도 개화함에 따라 색깔이 미묘하게 변하는 장미와 약간 칙칙한 빛깔을 띤 장미 등이 있었습니다. 플라워 아티스트에게 절대적인 인기를 얻고 있는 것도 납득이 갔습니다. 아직 이름이 없는 장미들이지만 언젠가 이 중에서 선택된 장미가 꽃의 세계에 데뷔하게 되겠지요. 오리지널 장미에는 이치카와 씨가 이름을 붙입니다. 전에는 꽃 색깔과 연관된 이름이 많았지만 최종적으로 장미를 받는 사람은 대부분 여성이므로, 받은 사람의 상상력을 부풀릴 수 있는 감각적인 이름으로 짓고 있습니다. 제가 좋아하는 흰색 장미 '질'은 요정을 이미지화해서 붙인 이름입니다. 꽃이 피면서 색깔이 변하는 장미 '외르 마지크'는 매직 아워를 뜻합니다. 제 마음이 끌린 장미는 무언가를 감싸는 듯이 연노란색 꽃봉오리가 맺힌 '프리에르'로 기도를 뜻합니다. 장미의 이름은 보는 사람의 상상력을 불러일으킵니다.

하우스 안에서는 50여 종의 장미를 재배하고 있었습니다. 그중에 정원용 장미도 있어서 제 정원에서도 똑같은 꽃을 피울 수 있는지 물어보니, 오리지널 장미는 물론 정원용 장미도 사람마다 제각기 바라는 이미지가 있으므로 동일한 장미라도 다른 꽃이 필 수 있다고 했습니다. 그것이 이치카와 장미원이 재배하는 장미의 특색이라고 했습니다. 오랜 세월 정원에서 장미를 키우면서도 매년 튼튼한 꽃을 피우게 할 노력만 했지 어떤 꽃을 피우게 할지까지는 생각하지 못했습니다. 장미 하나하나에 담긴 바람이 이치카와 장미원에서 피는 매력적인 장미의 비결이라는 생각이 들었습니다.

> "장미를 딸지 말지는 한순간의 판단에 달렸어요. 그때그때 상태에 따라서 판단해요." 이 말에서 장미를 가장 아름다운 상태로 전하려는 마음을 느낄 수 있었습니다.

동경했던 이치카와 장미원의 장미. 팬의 마음을 사로잡는 장미에는 많은 비결이 담겨 있습니다. 자택에도 근사한 장미를 장식해서 맞이해주었습니다.

1 흘러넘칠 것만 같은 장미는 아직 이름을 붙이지 않은 신품종. 2 장미가 가장 좋은 상태로 피기까지 기다립니다. 3 딴 꽃은 가지런히 놓여 출하를 기다립니다. 4 '질'이라고 이름 지은 홑꽃 장미. 아오키 씨가 무척 좋아하는 품종입니다. 5 장미를 보면 상상력이 부풀어 오릅니다. 6 장미를 따는 이치카와 씨. 하루에 300~400송이 정도를 땁니다.

이치카와 장미원 / 이치카와 아키히코

'장미의 아름다움은 그 시간, 그 장소, 그 사람에 의해 더욱 빛난다'를 테마로 기존 장미는 물론 상식에 사로잡히지 않은 신품종을 만들어 발표와 제안을 하고 있습니다. 그 독자적인 감성은 많은 플라워 디자이너와 장미 팬에게 항상 높은 인기를 얻고 있습니다.

http://www.ichikawa-baraen.com

위 여러 겹으로 된 꽃잎이 아름다운 장미 '자르당 아 라 크렘'. **아래** 이 밝은 하우스에서는 장미 20여 종을 재배하고 있습니다.

프랑스의 장미 정원에서 본 '이브 피아제'에서
시작된, 정원용 장미를 절화로 사용해 보자는
발상과 도전에서 지금 여기에 있는 동경하는 장미가 태어난 거군요.

No. 9 - I
장미의 이름

장미의 이름을 알면 그 장미와 거리가 가까워져서 친근감이 들어요. 장미의 이름은 중요하답니다. 이치카와 장미원에서 만난 장미와 파인 제라늄을 장미의 이름과 함께 수놓았어요.

pattern p.139

No. 9 - II

Jill 북 커버

흰색 장미 '질'을 한 송이 수놓아 북 커버를 만들었습니다. 저는 평소에 남색과 흰색을 몸에 지니는 경우가 많으므로 여기에도 사용해 봤어요. 검은색이 많은 분이라면 검은색으로 수놓아도 멋스럽습니다.

how to make p.140

petit voyage
#10

**고향의 풍경과 동식물을
소재로 무늬를 만들어 낸다**

점과 선 무늬 제작소
- 오카 리에코 씨

자유롭고 소박한 멋, 자연과의 친밀감이 느껴지는 프린트와 기계 자수로 텍스타일 표현의 폭을 넓히고 있는 오카 리에코 씨를 일본 삿포로에 있는 아틀리에에서 만났습니다.

예전에 제 개인전에서 만나고 나서 언제 한번 느긋하게 이야기를 나누고 싶었습니다. 자연에서 어떤 영감을 받는지 어느 때에 모티프를 만나는지 등이 궁금했습니다. 같은 민들레라도 오카 씨의 감성을 통해서 태어난 민들레는 틀림없이 오카 씨만의 색과 형태로 이루어져 있을 테지요. 직접 만나서 알 수 있는 점이 분명히 있을 겁니다. 자료가 가득 꽂힌 아틀리에의 선반 앞에서 오카 씨에게 언제 디자인이 떠오르는지 물었습니다.

역시나 스케치북을 펼치자마자 바로 그릴 수 있는 것이 아니고, 일하다가 문득 창밖을 보거나 쇼핑을 할 때처럼 잠시 여유가 있을 때 갑자기 떠오른다고 합니다. 그렇지 않을 때에는 버려도 되는 종이에 몇 번이고 그리는 수 밖에 없어서 디자인이 나올 때까지 애를 먹는다고 합니다. 홋카이도는 넓어서 사람의 손이 닿지 않은 거친 자연이 남아 있기 때문에 재미있는 것을 많이 발견할 수 있고, 하늘 또한 넓어서 명도와 투명감이 높다고 합니다. 산책 중에 본 풍경이 도안이 되는 일도 있고 풀이 겹쳐져 있는 모습이나 흔들리는 모습이 무늬로 보일 때도 있다고 합니다.

"무늬는 그 무늬를 받은 사람이 자유롭게 즐겨 줄 때가 가장 기뻐요."
홋카이도의 자연이 전해지는 거군요.

같은 풍경을 보고도 그것이 마음에 남아서 스케치를 하거나 페이퍼 커팅으로 표현하는 사람이 있는 반면, 늘 보는 풍경이라고 지나치는 사람도 있습니다. 오카 씨에게는 어린 시절부터 무언가를 근사하다고 느낀 기억이 담긴 서랍이 많이 있어서, 뭔가 번뜩였을 때 그 서랍이 탁 열려 무늬로 나타나는 것이 아닐까 싶었습니다.

학생 시절에 공간 디자인을 배운 오카 씨는 그림은 그다지 그리지 않지만 무늬에 흥미를 느낄 무렵, 선생님에게 추천 받은 공예가 윌리엄 모리스의 디자인을 재현한 일이 디자인 제작의 계기가 되었습니다. 그 후에는 산과 밭에서 점과 선으로 풍경을 표현하는 연습을 했습니다.

오카 씨 디자인에는 주위에서 흔히 보는 그림에는 없는 부드럽고 안도감을 주는 터치와 이야기가 있기에 언제까지나 보고 싶습니다. 앞으로도 풍부한 영감에서 태어날 디자인이 무척 기대됩니다. 오카 씨도 지금과 같은 시대에만 만들어 낼 수 있는 무늬를 '점과 선 무늬 제작소'에서 많이 제작해 가득 모아 놓고 싶다고 했습니다.

디자인은 수채화나 색연필 또는 페이퍼 커팅 등으로 표현합니다. 페이퍼 커팅 특유의 선은 운치가 있습니다.

1 디자인의 원화. 수채화 색깔에도 꼼꼼히 신경을 써서 몇 번이고 고치는 경우가 있습니다. 2 숲에서 노는 여우가 그려진 원화. 부드러운 수채화의 분위기가 보는 사람을 매료합니다. 3 쑥쑥 자라 키가 큰 민들레는 훗카이도에서 흔히 볼 수 있습니다. 4 'roadside'라는 이름의 무늬가 그려진 천으로 전등갓을 꾸몄습니다. 5 식물의 세세한 부분을 주로 찍는 사진가 칼 블로스펠트의 사진집. 6 식물과 동물이 자연스럽게 어우러진 사랑스러운 디자인.

점과 선 무늬 제작소 / 오카 리에코

무늬 작가. 홋카이도 도카이대학 대학원 예술공학연구과를 졸업했습니다. 2008년부터 고향의 풍경과 동식물을 소재로 무늬를 제작하고 있습니다. 저서로는 《ten to sen 북쪽의 숲에서 온 자수》 등이 있습니다.

http://www.tentosen.info/

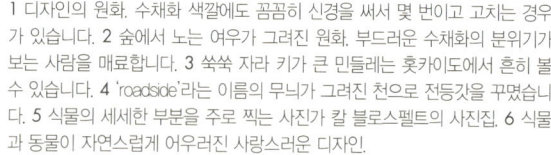

위 상쾌한 자작나무가 죽 늘어선 아틀리에 근처의 도요히라 공원. **아래** 봄에 나온 새로운 무늬 '사과'(2017년 10월). 북유럽과 일본 등 다양한 이미지가 연상됩니다.

"지나는 길에 우연히 들른 곳에서
찾은 식물이 무늬가 되기도 해요."
오카 씨에게는 번뜩임 서랍이 있는 걸까요?

No. 10 - I
roadside의 꽃

오카 씨가 디자인한 무늬 'roadside'는 페이퍼 커팅으로 러프 스케치를 했습니다. 그 무늬를 수놓은 뒤에 하나하나 잘라서 완성했습니다.

pattern p.142

No. 10 – II
roadside의 꽃 똑딱이 파우치

꽃 색깔을 파란색과 흰색으로 하여 똑딱이 파우치를 만들었습니다. 같은 꽃 자수라도 색깔을 바꾸면 다른 자수처럼 보입니다. 꽃 조합을 바꿔도 좋습니다.

how to make p.144

Column
여행 수첩

몰스킨 무지 수첩을 만난 뒤로 일상에서 일어난 일부터 여행 기록까지 모두를 적어 왔습니다. 적당하게 세로로 긴 크기와 글씨를 쓰기 좋은 오프화이트색 종이는 뭔가가 떠오르는 족족 기록하는 저에게 그만입니다. 수첩에 적으면 수첩이 그때의 생각을 받아 주는 기분이 듭니다.

전철에서는 창밖도 쳐다보지 않고 계속 그림을 그리고, 박물관에서는 사진 촬영은 허가 받았지만 디테일한 부분이 흥미로워 고전 자수를 직접 스케치하기도 했습니다. 프랑스 프로방스에 있는 화가 세잔의 아틀리에에서 테이블 위에 배치된 사과를 스케치한 일도 있답니다. 하지만 대부분은 여행 중에 본 들꽃을 그렸습니다. 단숨에 그린 뒤에 꽃 이름과 주변 모습을 함께 기록하는데, 간단한 스케치일수록 그 꽃의 핵심적인 부분을 담았습니다. 여행에서 한 체험도 좋은 자수 소재가 되지만, 여행 스케치가 더욱더 구체적으로 지금의 제 자수를 구성하고 있다고 생각합니다.

제가 무엇이든지 수첩에 적어 놓는 이유는 뭘까요? 그건 제가 잘 잊어버리기 때문으로 저는 뭔가에 몰두하면 금방 예전 일을 떠올리지 못합니다. 기억은 계속해서 덮어 쓰기되므로 완전히 잊어버린 기억도 있지만, 그래도 수첩의 스케치를 보면 그때의 공기와 온도 그리고 그때의 마음까지 선명해지니 참 신기합니다.

최근에는 같은 크기의 여행 수첩을 애용하고 있는데, 리필이 가능한 얇은 중철 제본 속지는 딱 일주일 분량이라서 휴대하기 편리합니다.

1 여행 수첩으로도 사용했던 몰스킨 수첩.
2 홋카이도의 시치쿠 가든에 갔을 때, 여름인데도 너무 추워서
  플리스 재킷과 장화를 빌렸습니다. 그림은 그때의 자화상입니다.
3 뱅커스 박스 안에 쌓인 수첩. 여행한 시간도 가득 차 있습니다.

1
2	3

voyage

2018 Spring – 2020 Spring

프린스 에드워드 섬 들판의 씨앗과 해안 가까이에서 주운 돌.

petit voyage
#11

**식물뿐 아니라 생태계도
소중히 여기는 꿈의 정원**

꽃 공방 유메오리
- 혼조 루미 씨

"홋카이도에 있는 유메오리의 들꽃 정원이 정말 예뻐!" 그 말을 듣고 홋카이도 신히다카정 시즈나이로 떠났습니다. 삿포로에서 남쪽으로 내려가 해안을 따라 달린 뒤에 내륙으로 들어가서 경주마 목장을 빠져나가면 그 앞에 있는, 여름에는 선선하고 겨울에는 홋카이도에서 비교적 따뜻한 곳입니다.

천 평 정도 되는 부지에서 200~300종의 꽃을 키우는 혼조 씨 부부는 오랫동안 도쿄의 출판사에서 근무했고, 그중 혼조 루미 씨는 편집자였습니다. 요리책이 잘 팔릴 때에도 원예가 좋아서 계속 원예 책 시리즈를 만들었습니다. 한눈팔지 않고 열심히 일했지만 이대로 지내다가는 좋아하는 식물을 키울 시간이 없다는 사실을 깨닫고, 여생은 직접 흙을 만지며 보내고 싶어서 2000년에 일을 그만두고 남편의 고향인 시즈나이에서 '꽃 공방 유메오리'를 시작했습니다.

느긋함과 자연의 힘이 느껴지는 정원은 처음부터 이런 모습은 아니었습니다. 식물이 본래 가진 힘을 소중히 하고 싶어 다양한 씨를 뿌리고 여러 식물을 키우면서, 그중 튼튼하게 땅에 뿌리를 내리는 식물만 정원에 남겨 갔습니다. 아무리 좋아하는 식물이라도 심어서 이 땅에 맞지 않으면 키울 수 없으므로 토지에 맞춰서 재배하고 있다고 합니다. 그리고 무엇보다도 식물과 함께 살아가는 생물과 흙 속 미생물까지 포함한 생태계를 소중히 여겼기에 현재의 정원을 만들 수 있었습니다. 멀리 보이는 산도 정원의 경치라고 생각하면서 가꾸고 있어서인지 평온함과 개방감을 느꼈습니다.

> "식물 전체의 감촉을 느끼고 언제까지 함께할 수 있는 정원, 자연에 둘러싸여 평온함이 있는 정원에서 평생 일하고 싶어요."

정원에는 제가 잘 아는 들꽃도 많았지만 무언가가 달랐습니다. 어느 꽃이나 다 쑥쑥 자라서 키가 컸습니다. 될 수 있는 한 자연에 맡긴 화초는 저마다 자랄 장소를 확보하기 위해서 위로 쭉쭉 뻗은 것이 아닐까요? 바람에 살랑거리는 볏과의 꽃이삭도 있어서 유메오리의 들꽃 정원은 제가 동경하는 들판처럼 보였습니다.

정원에서 딴 꽃으로 만든 부케는 더운 여름이었지만, 제 아틀리에로 가져와 스케치하고 수놓은 뒤에도 생기가 남아 있었습니다. 마지막까지 남은 정향풀은 씨앗까지 생겨 지금은 제 정원 한구석에서 울창하게 자라고 있습니다. 유메오리 식물의 힘이 제 정원까지 닿은 듯 싶습니다.

유메오리는 크리스마스로즈를 메인으로 출하하는데, 봄부터 가을까지 피는 들꽃도 수요가 많다고 합니다. 많은 사람이 홋카이도의 여름 들판에 핀 꽃을 즐기고 있네요.

홋카이도 땅에 만든 꿈의 정원. 곡선이 있는 좁은 길에도 자연스러운 매력이 가득합니다.

1, 2 유메오리 정원에는 작은 손님도 많이 찾아옵니다. 꽃에 모이는 곤충은 아오키 씨 자수에도 자주 등장합니다. 3 촬영 중에 불쑥 나타난 흰색 고양이. 이야기 속에 있는 기분이 들었습니다. 4, 5 여기저기에 서양식 정자와 벤치가 있는 광대한 정원. 홋카이도 바람에 산들거리는 꽃을 보니 꿈의 초원에 있는 기분이었습니다. 6 멀리 있는 산등성이도 정원 풍경의 일부입니다.

꽃 공방 유메오리 / 혼조 루미

도쿄에 있는 출판사에서 30년간 편집자로 일했습니다. 2000년에 퇴직한 뒤 홋카이도 신히다카정에서 남편 가오루 씨와 '꽃 공방 유메오리'를 경영하고 있습니다. 천 평의 정원과 3천 평의 농장에서 전국 꽃 시장에 절화를 출하하는 한편, 이벤트 기획과 집필, 강연 등을 통해 크리스마스로즈와 들꽃의 매력을 전하고 있습니다.

위 작고 가련한 흰색 꽃은 가래바람꽃. **아래** 아오키 씨가 정원을 돌아다니며 꽃을 따서 순식간에 부케를 만들었습니다. 붉은토끼풀과 정향풀, 가는미나리아재비, 불란서국화에 풀도 곁들여서 색깔과 형태가 균형을 이루도록 어레인지했습니다.

"우선 여러 식물을 심어 봐요. 그중에서 살아남은 식물은 이 땅이 마음에 들어서 선택한 거겠지요." 식물의 힘을 믿고 자연에 의지하는 식재입니다.

No. 11 - I
유메오리 정원의 바람

혼조 씨의 정원에서 딴 꽃으로 만든 부케를 그대로 수놓았습니다. 꽃 하나하나가 쭉쭉 뻗어서 소박한 아름다움이 있고, 햇빛을 충분히 받아 생기도 느껴집니다.

pattern p.146

No. 11 - II
들꽃 바구니 커버

정원 벤치에서 차를 마실 때에는 바구니에 찻잔과 구움 과자를 넣어서 옮깁니다. 유메오리 정원의 작은 들꽃을 수놓아 바구니를 덮는 클로스를 만들어 보았습니다.

how to make p.147

petit voyage
#12

**향기의 세계로 이끄는
조향 아틀리에**

아틀리에 에센스(ATELIER ESSENCE)
- 다케우치 리사 씨

예전에 '들판의 향'을 좋아하는 저에게 아들이 주었던 선물이 산타 마리아 노벨라 약국의 포푸리입니다. 이것은 피렌체 언덕에 지금도 피고 있는 식물로 만든다고 합니다. 보기에는 정원 일에 사용하는 부엽토 같이 생겼지만, 가끔 뒤섞으면 깊은 향기가 피어올랐습니다. 그 향기 하나하나에 의미가 있어 말로 나타낼 수 있다는 것을 '아틀리에 에센스'를 경영하는 다케우치 리사 씨가 가르쳐 주었습니다. 게다가 사람의 취향에 맞추어 향기를 맞춤 제작할 수도 있다고 합니다.

향기에 집중하기 위해 마련한 아틀리에 에센스의 고요한 공간은 오프화이트색으로 통일되어 있고, 다케우치 씨는 여기서 좋아하는 향기를 만들 수 있도록 도와줍니다. 색깔도 모양도 없는 향기를 어떻게 떠올려서 그 사람에 맞춰 제작하는지 물으니 예를 들며 설명해 주었습니다. 가령 같은 감귤류의 향기라도 오렌지에는 부드러운 달콤함이 있다고 합니다. 유자는 상쾌한 향, 귤은 과즙이 풍부하고 향이 강하지만 오렌지보다는 달콤함이 덜합니다. 조금씩 설명을 들으니 향기가 떠오르는 것 같았습니다. 후각은 훈련할 수 있으므로 점점 향기를 차별화할 수 있게 된다고 합니다(아틀리에는 현재 휴업 중입니다).

> "좋아하는 향기에는 소중한 부적 같은 힘이 있어요. 긴장을 풀게 해 줘요."

향기는 처음에 맡는 톱 노트, 그다음에 느끼는 미들 노트, 마지막까지 남는 베이스 노트로 구성되어 있습니다. 각각 한두 가지씩 좋아하는 향기를 골라서 조합해 갑니다. 아틀리에는 60~70가지의 향기가 있는데, 너무 많으면 망설여지므로 50가지 정도를 테스트합니다. 어떻게 차별화할까요? 이때는 자신이 좋아하는 향기를 고르는 수밖에 없습니다.

저는 '숲 가까이에 있는 들판의 향'을 상상하면서 골랐습니다. 톱 노트는 버베나로 산뜻한 향입니다. 미들 노트는 로즈우드와 제라늄, 베이스 노트는 유향과 백단입니다. 유향은 달콤하지 않은 나뭇진의 향으로 숲을 떠오르게 합니다. 선택한 향기를 합치면 새로운 향기가 만들어지는데, 세심하게 감각을 곤두세우면 향기가 조금씩 달라져 가는 것을 알 수 있습니다.

향기에 집중하면 감각의 세계를 여행하는 기분이 드는데 명상에 가까울지도 모르겠습니다. 이 향기에 휴식과 치유 효과가 있는지 물으니, 자기가 좋아하는 향기를 즐기면 그럴 수 있다고 하더군요. 그리고 자신이 좋아하는 향기를 찾으면 그 향기는 소중한 부적 같은 존재가 된다고 했습니다. 저한테는 좋아하는 장소의 향기이므로 더욱 그렇게 될 것 같습니다.

제각기 의미와 역할이 다른 방향유가 죽 나열되어 있습니다. 왼쪽부터 톱 노트, 미들 노트, 베이스 노트로서 발향 단계별로 놓여 있습니다. 키워드도 향기를 고르는 힌트가 됩니다.

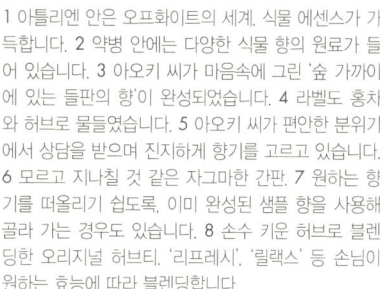

1 아틀리엔 안은 오프화이트의 세계. 식물 에센스가 가득합니다. 2 약병 안에는 다양한 식물 향의 원료가 들어 있습니다. 3 아오키 씨가 마음속에 그린 '숲 가까이에 있는 들판의 향'이 완성되었습니다. 4 라벨도 홍차와 허브로 물들였습니다. 5 아오키 씨가 편안한 분위기에서 상담을 받으며 진지하게 향기를 고르고 있습니다. 6 모르고 지나칠 것 같은 자그마한 간판. 7 원하는 향기를 떠올리기 쉽도록, 이미 완성된 샘플 향을 사용해 골라 가는 경우도 있습니다. 8 손수 키운 허브로 블렌딩한 오리지널 허브티. '리프레시', '릴랙스' 등 손님이 원하는 효능에 따라 블렌딩합니다.

아틀리에 에센스(ATELIER ESSENCE) / 다케우치 리사

식물의 향기가 지닌 매력에 끌려서 2008년부터 아로마 테라피와 조향에 관해 공부하기 시작해, 2016년부터 '아틀리에 에센스'를 경영하고 있습니다. 아틀리에에서는 식물 원료를 사용한 향기 제작 외에 주문 제작도 하고 있습니다.

http://www.atelier-essence.com 인스타그램 @atelier.essence

위 상담을 받으며 다케우치 씨가 제안하는 향기를 진지하게 맡고 있는 아오키 씨. 신경이 쓰이거나 끌리는 향기를 조금씩 표시해 갑니다. 과연 아오키 씨가 좋아하는 '들판의 향'을 만날 수 있을까요? **아래** 방향유를 앞에 두고 다케우치 씨는 흰색 공간에 온통 흰색인 의상으로 나타났습니다.

"식물의 성격과 향기는 연관이 있어요."
들판 풍경이 떠올라요. 향기 조합하기는
자수의 배색과 비슷하네요.

No. 12 - I
향기의 에센스

제 향기 부적 '숲 가까이에 있는 들판의 향'의 톱 노트는 버베나 향입니다. 이 작품은 오프화이트색 아틀리에의 분위기와 식물, 조합한 향기의 인상을 표현한 것입니다.

pattern p.150

No. 12 - II

향주머니

향기와 글씨를 조합한 향주머니에는 튈 레이스와 오건디를 붙였습니다. 파란색은 버베나, 보라색은 라벤더를 넣었답니다. 직접 키운 허브를 넣어서 선물해도 좋습니다.

how to make p.148

petit voyage
#13

**허브를 통해 새로운
생활을 전한다**

마루후쿠 농원
- 구스노세 겐타 씨

많은 플라워 아티스트와 요리 연구가 사이에서 '마루후쿠 농원'은 신선하고 향이 풍부한 허브로 주목을 받고 있습니다. 저는 기치조지에 있는 꽃집 '젠테(10쪽)'에서 자수 모티프로 사용할 캐모마일을 구했을 때, 꽃술이 솟아올라 힘이 느껴지고 절화용으로 키운 허브가 아닌 듯한 이 활기찬 허브는 대체 어디서 왔을까 궁금했습니다.

마루후쿠 농원에서 허브를 재배하기 시작한 것은 30년 전입니다. 프랑스 레스토랑 셰프였던 지인의 요청도 있고 해서 부모님께서 키우기 시작했다고 합니다. 그 무렵에는 정보도 적어서 원예가 히로타 세이코 씨의 허브 책을 보면서 이것저것 시도했다고 합니다. 같은 시기에 정원 일을 시작한 저도 역시 히로타 씨의 책을 참고해서 허브를 키웠습니다.

마루후쿠 농원에서는 농약과 화학비료를 쓰지 않고 자연의 구조를 이용하는 탄소 순환 농법을 도입했습니다. 전정한 가지를 통로에 깔면 그것을 흙이 분해하고, 흙 속 미생물을 늘려 활성화시키므로 비료가 없어도 튼튼히 자랍니다. 하우스 안에는 커다란 나무가 된 유칼립투스 시트리오도라를 비롯해 여러 식물이 울창하게 자라고 있어서 그 강한 생명력에 압도됩니다. 구스노세 겐타 씨는 그 모습을 매일 보기 때문에 아무렇지 않게 여기지만, 마루후쿠 농원의 허브가 도시의 가게에 놓인 모습을 보면 몰라볼 만큼 달라 보일 때도 있다고 합니다.

구스노세 씨가 키우는 허브로 만드는 '마제마제 꽃다발'은 잎은 다양하게 꽃은 적게 사용한 향기로운 꽃다발로, 그대로 장식해도 좋고 요리에 살짝 곁들여도 좋습니다. 그 꽃다발을 받은 사람은 틀림없이 향기에 둘러싸여 상상의 나래를 한껏 펼치겠지요.

제 집 정원에도 마루후쿠 농원의 허브, 레몬버베나와 레몬메리골드가 찾아왔습니다. 모두 향기가 굉장히 좋은 튼튼한 허브로, 정원의 꽃으로 꽃다발을 만들 때 쓰이는 잎 소재로도 유용합니다. 잘라 사용해도 꽃병에 꽂아도 변함없이 향기롭습니다. 심은 지 두 해째가 되는 레몬메리골드는 여러 번 전정을 해도 금방 잎이 무성하게 자라서 11월 말부터 오렌지옐로색 꽃을 피웠습니다.

구스노세 씨는 허브를 만지고 향기를 맡는 등 일상생활에서 평범하게 활용해 주기를 바랐습니다. 허브를 직감적으로 느꼈으면 했습니다. 허브가 몇 종류 있으면 신선한 허브 워터도 만들 수 있고, 또 자기 생활에 맞는 허브와 함께하면 매일 소소하게 근사한 생활도 즐길 수 있습니다.

> "행사 등 바깥으로 진출할 계기가 된 것은 절화예요. 자연스럽고 힘차게 자란 여러 품종의 허브로 만드는 '마제마제 꽃다발'은 이곳에만 있는 상품이에요."

허브 하우스에 들어가면 그 크기에 압도되는 유칼립투스 시트리오도라가 있습니다. 한파로 원줄기는 피해를 입었지만 마루후쿠 농원의 상징 같은 나무입니다.

1 마루후쿠 농원이 자랑하는 허브 워터. 뜨거운 물에 우리는 허브티에서는 맛볼 수 없는 상쾌한 맛이 납니다. 레몬메리골드, 레몬티트리, 스위트메이스(멕시코메리골드), 레몬버베나, 스피아민트, 파인애플세이지를 넣었습니다. 2 구스노세 씨가 만든 허브 부케. 아오키 씨가 하나씩 설명을 듣고 있습니다. 3, 4 하우스 안에서 척척 잘라 출하하는 로즈메리. 오랜 세월에 걸쳐 자란 고목의 나뭇가지는 독특한 형태를 띠고 있습니다. 5 마스코트 고양이 '아오'와 구스노세 씨. 6 유칼립투스 시트리오도라는 마루후쿠 농원의 간판으로 로고에도 사용되었습니다. 그림은 일러스트레이터 오가미 게이코 씨가 그렸습니다. 7 하우스 입구. 수많은 허브가 반겨 줍니다.

마루후쿠 농원 / 구스노세 겐타

허브를 비롯해 보고 만지고 먹으면서 즐길 수 있는 다양한 생화와 채소를 재배하고 있습니다. '사람들이 매일의 생활 속에서 작은 발견을 즐기고, 풍요로움을 실감하며, 더욱 근사하게 생활하는 데 보탬이 되는 것'을 신조로 매일 매진하고 있습니다.

http://www.marufuku.noen.biz

위 구스노세 씨가 직접 우려낸 허브 워터. 어머니와 여동생이 만든 사랑스러운 '꽃밭 쿠키'.
아래 허브 부케/옐로마누카, 삼각잎아카시아, 마운틴민트, 파인애플세이지, 마시멜로, 와일드 베르가못, 칼라민타, 스위트메이스, 민트부시, 티트리, 로즈메리, 은엽보리수나무, 피버퓨, 청 살비아, 레몬메리골드, 쑥국화, 학자스민, 다크 오팔 바질, 알라르디 라벤더, 참나무잎제라늄.

> 자연의 모습 그대로인 캐모마일을
> 보았을 때부터 이곳에 오고 싶었어요.
> 역시 현장에 오는 게 중요하네요.

No. 13 - I
마루후쿠 농원의 허브

마루후쿠 농원의 허브는 싱싱하고 활기가 넘칩니다. 각각의 허브가 뿜어내는 강렬한 향기가 기운을 북돋아 줍니다. 이 작품에서는 튈 레이스를 겹쳐서 녹색을 돋보이게 했습니다.

pattern p.151

No. 13 - II

허브 엽서

허브를 하나하나 수놓아 엽서에 곁들입니다.
평소처럼 수놓은 뒤에 둘레를 자르기만 하면
완성입니다. 스탬프로 허브 이름을 찍어도 좋
겠지요.

how to make p.152

petit voyage
#14

**이야기가 있는
독창적인 과자를 만든다**

코토토코 파티세리(cototoko patisserie)
- 쓰지노 고토미 씨

'코토토코 파티세리'는 독특한 이야기가 매력인 구움 과자를 만들고 있습니다. 아틀리에 앙크르 당크르(ATELIER.encle d'encle)를 운영하는 친구가 제작한 패키지로 포장한 구움 과자는 이벤트에서 순식간에 품절되었습니다. 또 하나의 코토토코 대명사라고도 할 수 있는 예술적인 머랭 과자는 주인이 유럽 앤티크를 좋아하는 만큼 리스나 액자, 장식품을 방불케 합니다.

그중에서도 무척 흥미를 끌었던 것은 일본에서는 볼 수 없는 독일제 전통 과자 틀을 사용한 사브레 시리즈입니다. 과자 그림에는 하나하나 이야기가 있어서 먹기 전 이건 어떤 의미가 있을까 하고 여러 상상을 하게 됩니다. 게다가 세밀한 부분도 잘 나오게 여러모로 궁리한 끝에 단단한 생지를 사용하여 예쁘게 구워 냈습니다. 과자인데 과자라고 생각할 수 없을 만큼 귀엽습니다. 이 사브레 시리즈의 이름은 '리 사브레 코코'로, '리'는 쌀, '코코'는 유기농 코코넛 설탕을 말합니다.

쓰지노 씨는 아이의 알레르기를 계기로 쌀가루를 사용해 버터와 글루텐 없이 과자를 만들고 있습니다. 그래도 '맛있는 게 최고'를 신조로 연구를 거듭해서 제대로 구워 깊은 맛을 내고 있습니다. 확실히 입에 넣었을 때에는 단단한 식감이었지만, 천천히 씹는 사이 고소하고 소박한 맛이 입안에 퍼져서 자연스러운 맛을 느꼈습니다. 깊은 맛을 느낄 수 있는 구움 과자였습니다.

> "선물하는 사람도 받는 사람도 꼭 마음이 따뜻해지는 과자가 되었으면 좋겠어요." 맛있었다는 말을 들었을 때의 기분을 잊지 않고 마음속에 간직하는 군요.

독특한 세계관이 있는 패키지와 사브레의 조합에 관해 질문하니까, 주위에 센스가 뛰어난 사람이 많아서 여러 영향을 받은 덕분에 제작할 수 있었다고 했습니다. 센스가 뛰어난 사람끼리는 영향을 주고받는 일이 많고, 머릿속에 떠오른 생각을 형태로 나타낼 수 있는 것도 그 사람의 역량이라고 생각합니다. 좋아하는 것이 있는 사람은 많지만, 그것을 구체적인 형태로 표현할 수 있는 사람은 한정되어 있으니까요.

육아 중인 쓰지노 씨는 행사와 웹 사이트에서 주문을 받아 과자를 만들고 있지만, 자택에는 이미 가게와 공방이 완성되어 있었습니다. 지금은 아이와의 시간을 소중히 하고 싶다고 하니 가게 오픈은 아직 더 기다려야 할 듯싶습니다.

구리 냄비가 죽 놓여 있는 공방에서는 직접 키운 제철 과일을 이용한 잼이 만들어지고 있었습니다. 몸에 좋은 재료를 엄선해서 선물하는 사람도 받는 사람도 꼭 마음이 따뜻해지는 과자가 되기를 바라며, 코토토코 파티세리의 과자는 만들어지고 있습니다.

친구 덕분에 구한, 일본에서는 볼 수 없는 독일제 전통 과자 틀을 사용한 '리 사브레 코코' 시리즈. 이야기가 있는 그림을 골라서 친구와 공동 제작했습니다. 머랭도 쓰지노 씨 손에 닿으면 한 장의 그림이 됩니다. 먹기가 아깝습니다.

패키지의 그림을
수놓은 자수틀 액자
'겨울의 선물'
pattern p.156

1, 5 '코토토코 파티세리'와 친구의 '아틀리에 앙크르 당크르'가 콜라보한 과자와 패키지. 패키지에는 과자를 다 먹은 뒤에도 장식해 즐겨 줬으면 하는 바람이 담겨 있습니다. 한정 판매라서 눈 깜짝할 사이에 품절되는 인기 상품입니다. 아틀리에 앙크르 당크르 https://encledencle.com 2 코토토코 파티세리의 또 하나의 간판 상품인 잼. 장미 꽃잎 잼 등이 있는데 여기서도 쓰지노 씨의 독창성이 엿보입니다. 3 아틀리에에는 가지각색의 아름다운 틀이 가득합니다. 4 코토토코 파티세리에서 만드는 '리 사브레 코코'의 그림에 흠뻑 빠진 아오키 씨. 6 깔끔하게 정리된 아틀리에. 벽과 가구 등에서 프랑스의 향기를 느낍니다. 나중에는 이곳을 가게로 하고 싶다고 합니다.

코토토코 파티세리(cototoko patisserie) / 쓰지노 고토미

르 꼬르동 블루 고베 캠퍼스 제과 과정 수료증을 취득했으며 효고현 다카라즈카시에서 제철 재료로 잼과 구움 과자를 만드는 아틀리에 '코토토코 파티세리'를 운영하고 있습니다. 되도록 몸에 좋은 재료를 골라 겉모양도 보기 좋고, 몸도 마음도 행복해지며 마음에 무언가 하나라도 남는 과자 만들기를 목표로 하고 있습니다. 구움 과자는 버터 없이 식물성 유지를 쌀가루나 스펠트밀 등과 섞어서 만들어, 소박하지만 고소하고 씹을수록 단맛이 납니다.

https://cototoko.shop-pro.jp   인스타그램 @kototoko5

위 2018년 크리스마스에 판매된 '리 사브레 코코'. 사랑스러운 패키지도 한몫해서 순식간에 품절되었습니다. **아래** 말린 당아욱 꽃과 말린 라즈베리를 더한 화이트 초콜릿. 꽃잎과 말린 과일을 예술적으로 장식하는 것은 코토토코의 과자의 매력입니다. 들꽃 틀에서 빼낸 초콜릿을 본 아오키 씨가 들꽃 자수와 뭔가 통하는 것이 있다면서 이야기꽃을 피웁니다.

센스가 뛰어난 사람끼리는 영향을 주고받아요. 그리고 머릿속 생각을 형태로 나타낼 수 있는 것도 그 사람의 역량이라고 생각해요.

No. 14 - I
코토토코의 사브레

마음이 끌리는 사브레의 그림과 똑같이 수놓았습니다. 세련되게 완성하기 위해 흰색 천에 회색 천을 리버스 아플리케하고, 갈색 천은 그대로 아플리케했습니다.

pattern p.153

No. 14 - II
화이트 초콜릿 브로치

들꽃 틀에서 빼낸 화이트 초콜릿을 울 실로 수놓았습니다. 초콜릿을 본 순간 브로치 같다고 생각해서 만들게 된 작품입니다.

how to make p.154

petit voyage
#15

**북유럽의
생활 소품을 다룬다**

루바브(rhubarb)
- 가와이 요코 씨

스웨덴의 오래된 소품을 중심으로 북유럽의 생활 소품을 취급하는 '루바브'. 가게 주인 가와이 요코 씨는 물건을 고르는 안목이 뛰어나 스타일리스트들에게도 언제나 의지가 되고 있습니다. 현재 오프라인 매장은 없어서 이날은 부정기적으로 열리는 한정 매장에 방문했습니다.

예전에는 북유럽에 가면 모던 디자인과 새로운 가게에만 눈길이 갔기 때문에 빈티지 물건을 만날 일이 없었지만, 나이를 먹은 지금에야 비로소 앤티크와 빈티지의 좋은 점을 깨닫게 되었습니다. 루바브를 경영하는 가와이 씨는 매입 시에는 앤티크 마켓과 앤티크 상점 등 여러 가게를 돌아다니며 취향에 맞는 물건을 찾는다고 합니다. 브랜드에 구애되지 않고 자기가 좋아하는 것을 고르므로 브랜드나 연대가 달라도 통일된 느낌을 받습니다.

북유럽 빈티지라는 말을 들으면 무늬가 들어간 찻잔이 많이 떠오르지만, 남편분이 영국 사람이라 무늬가 없고 소박한 영국 물건의 영향을 받아서인지, 가와이 씨는 무늬가 없고 소박한 색깔의 소품이나 일상생활에 잘 녹아드는 물건을 고릅니다.

**틀림없는 안목과 유연한 마음,
균형이 중요하군요.
자수와 공통되는 부분이 있네요.**

스웨덴에는 현재 배편이 없기 때문에 수하물이나 항공편으로 물건을 가져와야 합니다. 한정 매장에 진열되는 것은 시간을 들여서 고르고 골라 소중히 가져온 물건뿐입니다. 도기와 유리 제품, 목제품 외에 오래된 직물도 있었는데, 그중에서 전통 무늬 천을 찾아냈습니다.

스웨덴에서 방직을 배운 적이 있어서 가와이 씨가 엄선한 손으로 짠 1950년대 직물이 얼마나 공을 많이 들였고(리넨 실이 가늘고 조직이 복잡해서) 상태가 좋은지 알 수 있었습니다. 보기만 해도 천을 짜는 사람의 모습이 쉽게 떠올랐습니다.

제가 매일 쓰는 식기는 핀란드 이딸라 사의 '떼에마' 흰색 자기 그릇인데, 그 원형이 된 것이 동일한 디자이너가 디자인한 도기 '킬타'입니다. 가게에서 남색 킬타 그릇을 발견했으므로 이제부터 함께 사용할 생각입니다. 집에 있는 일본 도베 도자기의 남색 그릇과도 궁합이 좋을 것 같습니다. 가와이 씨도 평소에 흰색 무지 그릇을 많이 사용하는데 그중에서 타원형 식기를 좋아한다고 합니다.

소품 선택의 기본에 대해 물으니 자기가 좋아하는 물건을 중심으로 고르고, 나머지는 무난하게 좋은 누구나 좋아할 물건을 선택한다고 답했습니다.

부정기적으로 열리는 한정 매장의 내부 모습. 디스플레이가 압권입니다. 엄선한 여러 가지 소품이 절묘하게 배치되어서 말을 걸어오는 것 같습니다.

1 핀란드 사람이라면 누구나 아는 식기, 떼에마의 원형이라고도 할 수 있는 킬타. 아오키 씨가 안쪽 각인을 확인하고 있습니다. 떼에마가 자기인데 반해 킬타는 도기로, 핸드메이드의 미묘한 온기를 지니고 있습니다. 2 루바브에는 사진 그림책 컬렉션도 많았습니다. 가게 여기저기에 전시되어 있었습니다. 3 초면이라고 생각되지 않을 만큼 스웨덴이라는 키워드를 통해서 이야기꽃이 피었습니다. 가와이 씨는 많은 것을 보아 왔으므로 깊은 이야기를 나눌 수 있었습니다. 4 히아신스가 빙 둘러져 있는 찻잔. 오른쪽 페이지의 접시와 마찬가지로 스웨덴 '게플레(GEFLE)' 사의 제품입니다. 5, 6 스웨덴에서 방직을 배운 아오키 씨가 귀중한 앤티크 텍스타일을 열심히 보고 있습니다. 상태가 매우 좋아 가와이 씨의 뛰어난 감별력을 알 수 있었습니다.

루바브(rhubarb) / 가와이 요코

2005년에 도쿄 오모테산도에 가게를 열었습니다. 그 후 2011년에 미우라반도로 이주했다가, 현재는 다시 도쿄로 돌아와 아이를 키우며 한 해에 수차례 한정 매장을 열고 있습니다. 최신 정보는 인스타그램으로 알리고 있습니다.

http://rhubarb.jp 　 인스타그램 @rhubarb_table

위 《닐스의 이상한 여행》을 모티프로 한 장식 접시. 아오키 씨의 마음을 사로잡은 모양입니다. 아래 매입을 위해 상당한 양의 물건을 보는 가와이 씨의 눈에 든 물건만이 이곳에 올 수 있습니다. 브랜드가 제각각인데도 통일된 느낌이 있다는 절찬을 받고 있습니다. 가와이 씨의 취향이 담긴 독자적인 세계관을 엿볼 수 있습니다. 이상적인 생활을 상상할 수 있는 이곳의 매력에 매번 찾아오는 팬이 많습니다.

자기가 좋아하는 물건을 중심으로 고르고, 나머지는 무난하게 좋은 '누구나 좋아할' 물건을 선택하는 거군요.

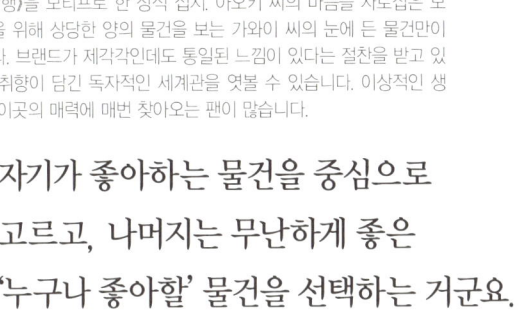

No. 15 - I

닐스의 이상한 여행

스웨덴 아동 문학 《닐스의 이상한 여행》을 모티프로 한 장식 접시는 스웨덴의 '게플레'라는 도기 제조사의 제품이에요. 접시의 그림을 수놓은 천을 나무 자수틀에 끼워 루바브에서 느꼈던 분위기를 가두어 놓았어요.

pattern p.157

No. 15 - II

파란 히아신스

게플레의 빈티지 찻잔에 그려진 파란 히아신스를
수놓아 봤어요. 다른 찻잔에 그려진 작은 파란색
꽃과 열매도 수놓았답니다. 찻잔 바닥의 각인도 같
이 수놓은 뒤 작은 자수틀에 끼웠어요.

how to make p.158, 159

여행을 마치며

이 작품은 각각의 특별한 자수 여행을 의미하는

자투리 실을 모아서 만든 '자수 여행 반지'입니다.

벌처럼 꽃이 피어 있는 곳이나 들판을 찾아가서 꽃을 따기도 했고요.

좋아하는 색깔인 파란색과 흰색도 많이 볼 수 있었어요.

티타임에 곁들이는 구움 과자를 만드는 곳에도 갔습니다.

이런 여행이 모이고 모여서 제 자수 여행 반지가 만들어졌습니다.

마지막으로 특별한 자수 여행의 취재에 선뜻 응해 준 분들에게

진심으로 깊이 감사드립니다.

how to make
memories of petit voyage

- 도안 안의 스티치 이름은 'ㅇㅇㅇ S'로 표기했습니다.
- 스티치 이름 뒤에 붙는 숫자는 실의 색 번호입니다.
- 만드는 방법 그림과 패턴에는 시접이 포함되어 있지 않습니다.
  '시접 없이 재단(=시접이 포함되어 있거나 필요 없음)'과 같이 지정한 경우 이외에는 둘레에 시접을 두어 천을 재단해 주세요.

이 책에 나오는 스티치 놓는 법

아우트라인 스티치
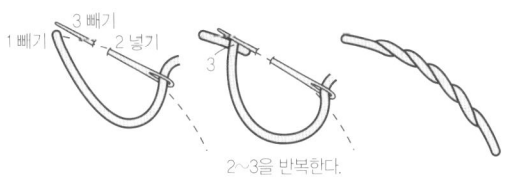

카우칭 스티치
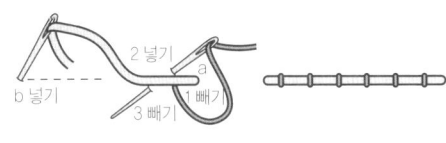

새턴 스티치

끝까지 수놓은 뒤, 안면 실 안으로 바늘을 통과시켜 남은 절반의 시작 쪽으로 뺀다.

심지가 들어간 새턴 스티치
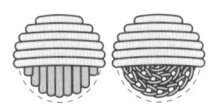

새턴 스티치나 체인 스티치로 심지를 수놓고, 그 위에 새턴 스티치를 놓는다.

스트레이트 스티치
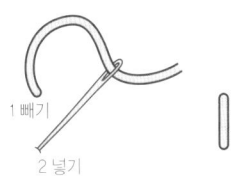

스파이더웹 스티치
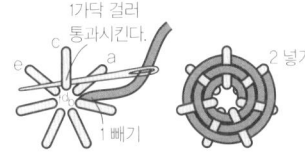

※심지 실은 홀수 가닥으로 수놓는다.

스플릿 스티치
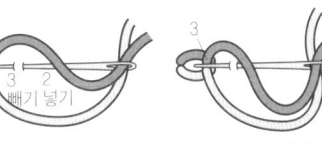

체인 스티치
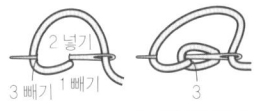

휘프트 체인 스티치

백 스티치
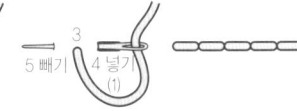

플라이 스티치
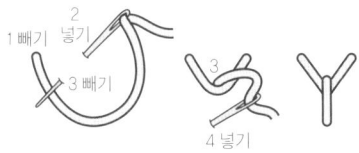

블랭킷 스티치
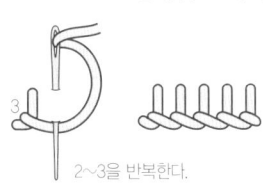

위쪽을 향해 수놓을 경우

프렌치너트 스티치
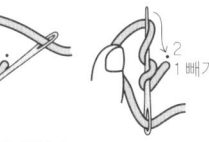

실을 감으며 바늘 끝을 위로 향한다.

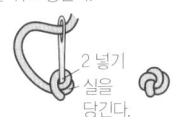

러닝 스티치
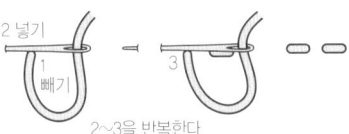

레이지데이지 스티치
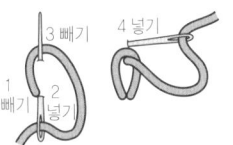

113

No.1-I p.14
팬지 봉투

재료
[실] DMC 25번 자수 실 = 154, 3347, 3753, 3822, 3834, 472, 552, 644, 728, 729, 772, 844, 898, 939, 988, 989, ECRU
5번 자수 실 = 989

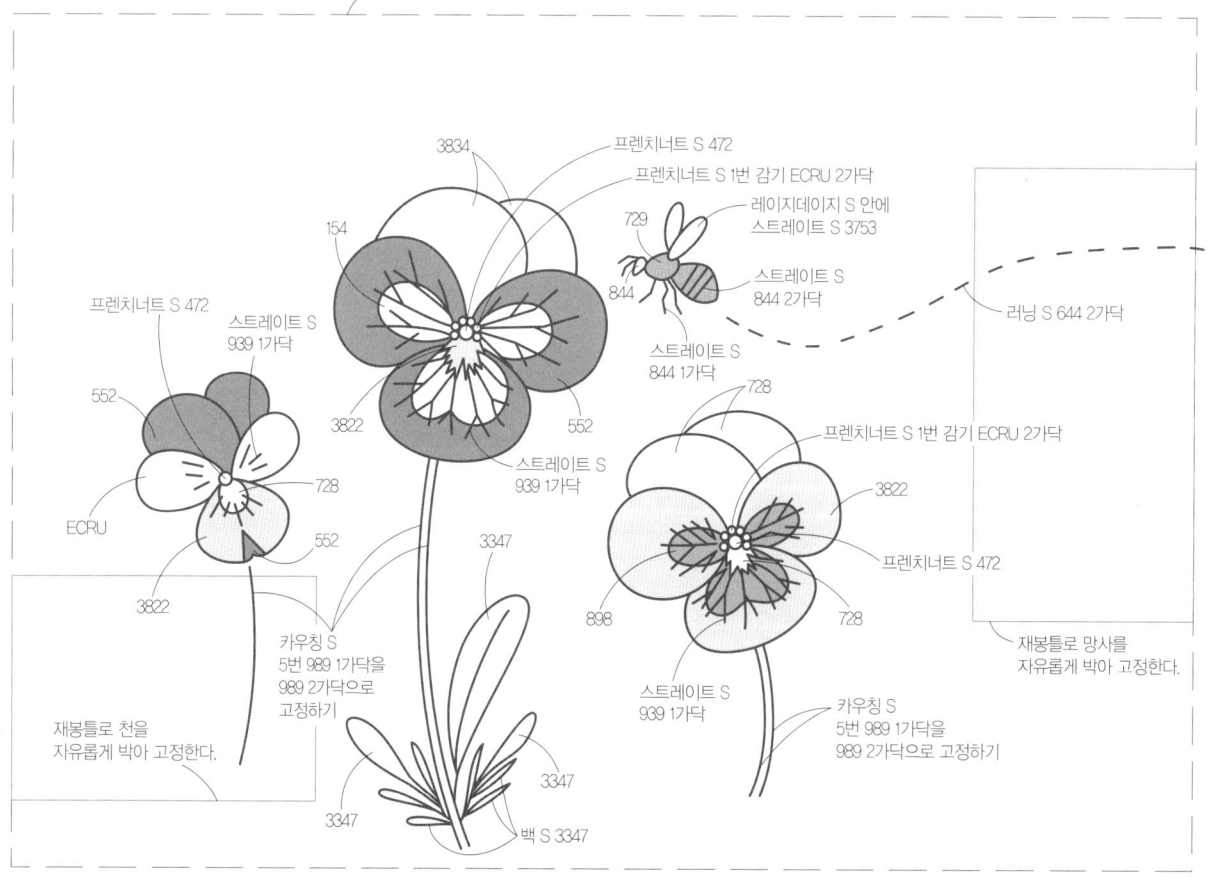

패턴과 자수 도안(실물 크기)
- 모두 DMC 자수 실이고, 지정한 것 이외에는 25번 실 3가닥이다.
- 지정한 것 이외에는 새틴 S이다.
- 지정한 것 이외의 프렌치너트 S는 2번 감기이다.
① 토대 천(흰색 리넨) 안면에 접착심을 붙이고, 토대 천에 재봉틀로 천과 망사를 박아 고정한다.
② ①에 아크릴물감을 칠하고 자수를 놓는다.
③ 시접 없이 재단해 접은 뒤 본드로 붙인다.

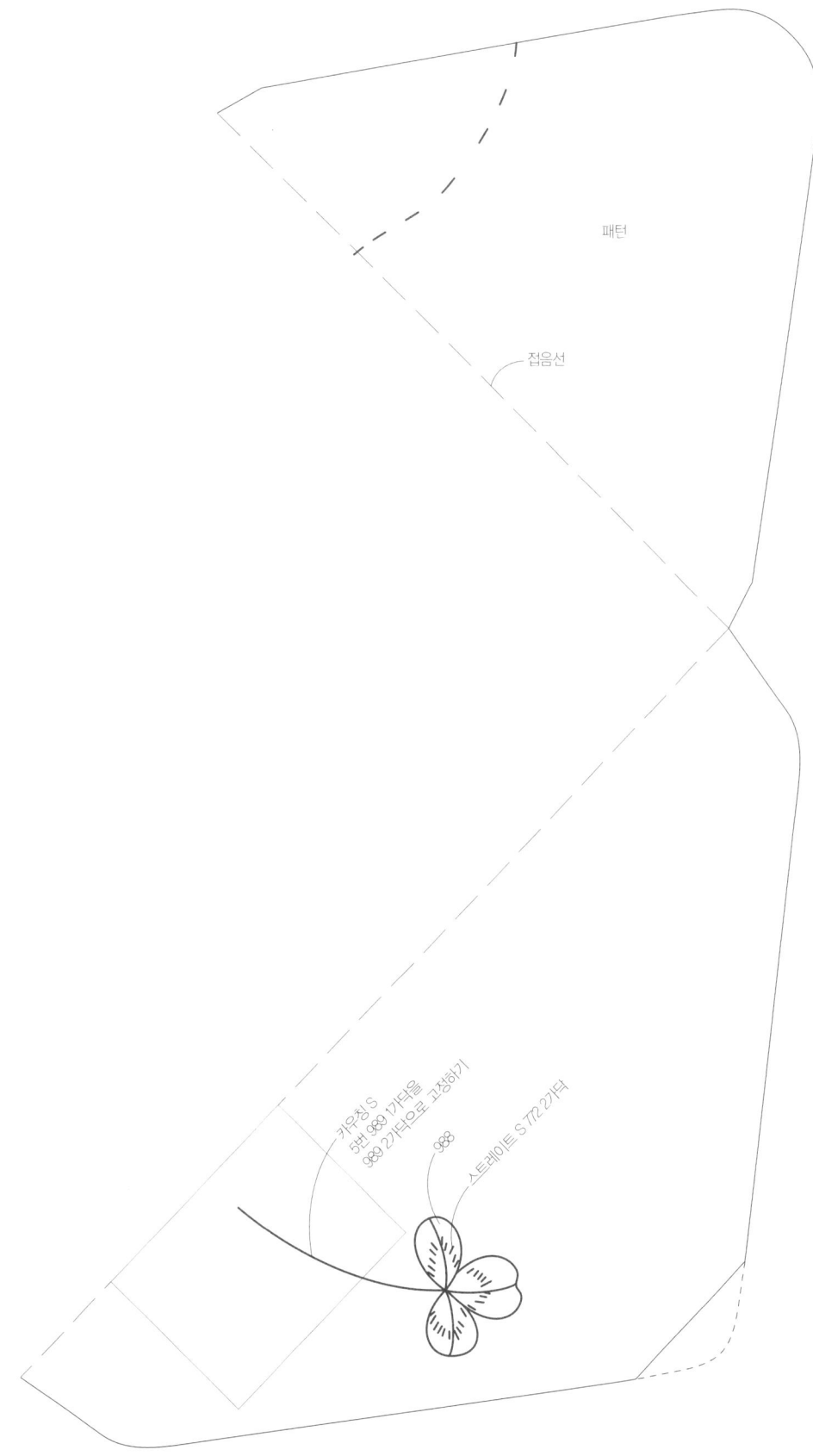

No. 1 - II p.15
꽃가위 케이스

재료
[실] DMC 25번 자수 실 = 154, 3821, 3834, 3837, 3865, 471, 937, 939
[천] 회색 리넨 30×25cm
[기타] 합성 가죽 30×15cm, 가방용 접착심 소프트 타입 30×25cm

[만드는 방법]
1 리넨에 자수를 놓는다.
2 각 부분을 재단한다.
3 본체 2장을 겉끼리 맞대어 주머니 형태로 꿰맨 뒤, 입구를 핑킹가위로 자른다.
4 안감을 본체와 똑같이 주머니 형태로 꿰맨다.
5 본체에 안감을 넣고 안단을 접어 붙인다.

팬지 중심

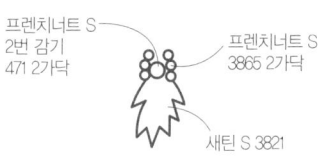

프렌치너트 S 2번 감기 471 2가닥
프렌치너트 S 3865 2가닥
새틴 S 3821

패턴과 자수 도안(실물 크기)
• 모두 DMC 25번 자수 실이고, 지정한 것 이외에는 3가닥이다.

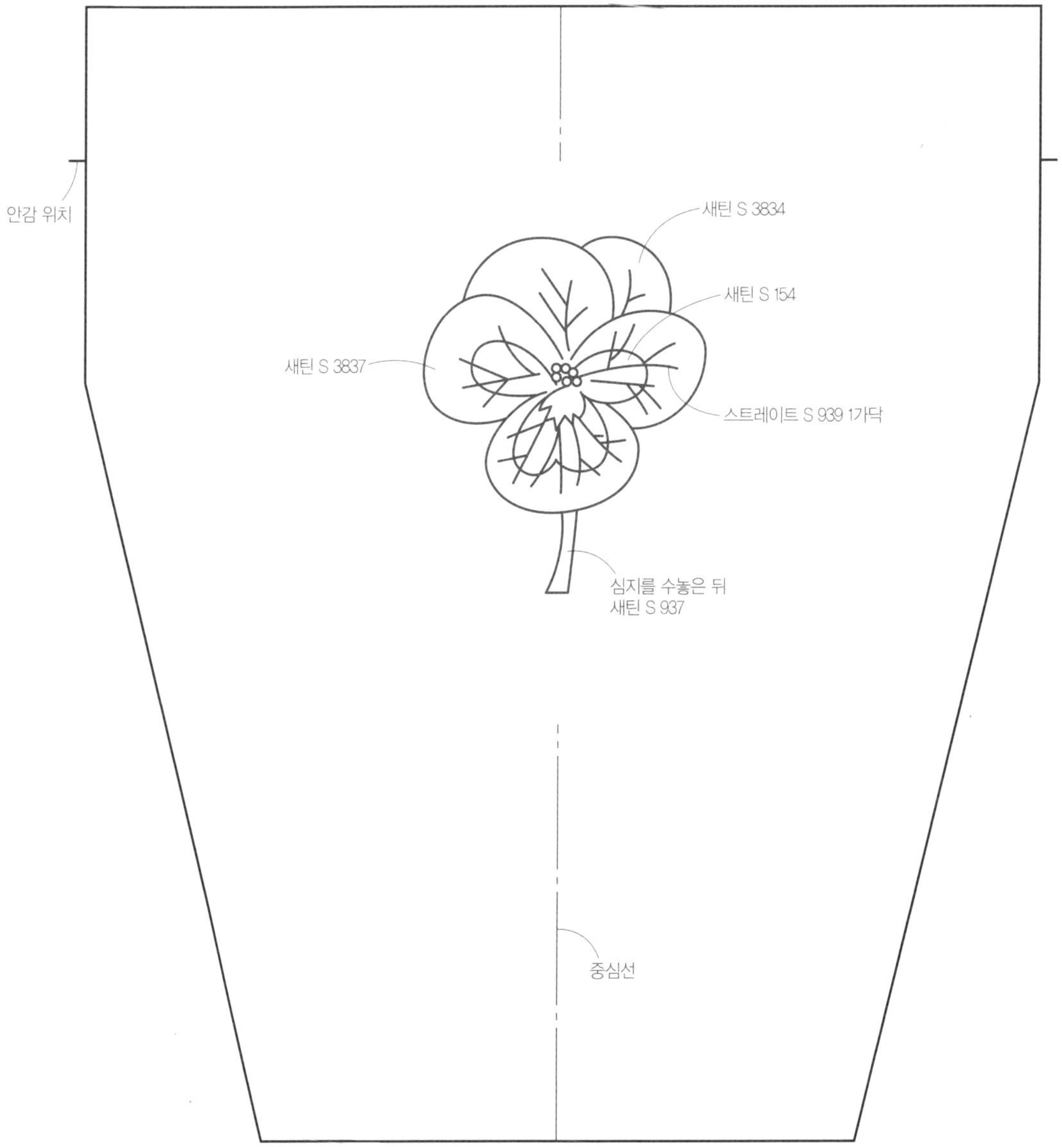

안감 위치
새틴 S 3834
새틴 S 154
새틴 S 3837
스트레이트 S 939 1가닥
심지를 수놓은 뒤 새틴 S 937
중심선

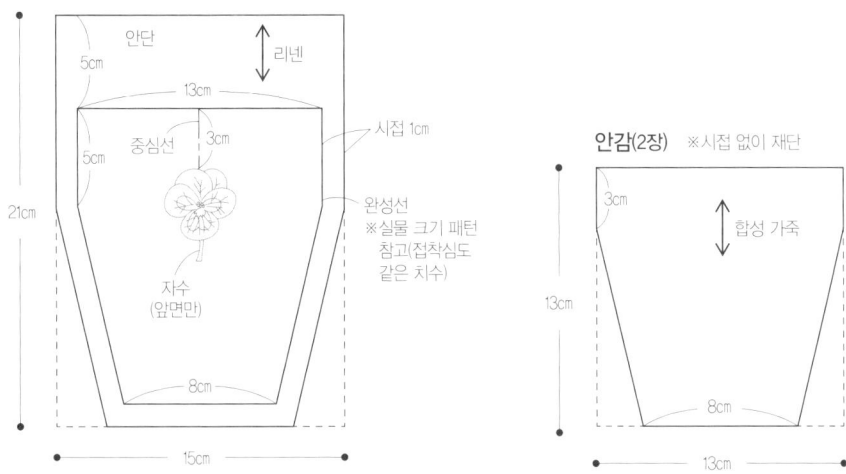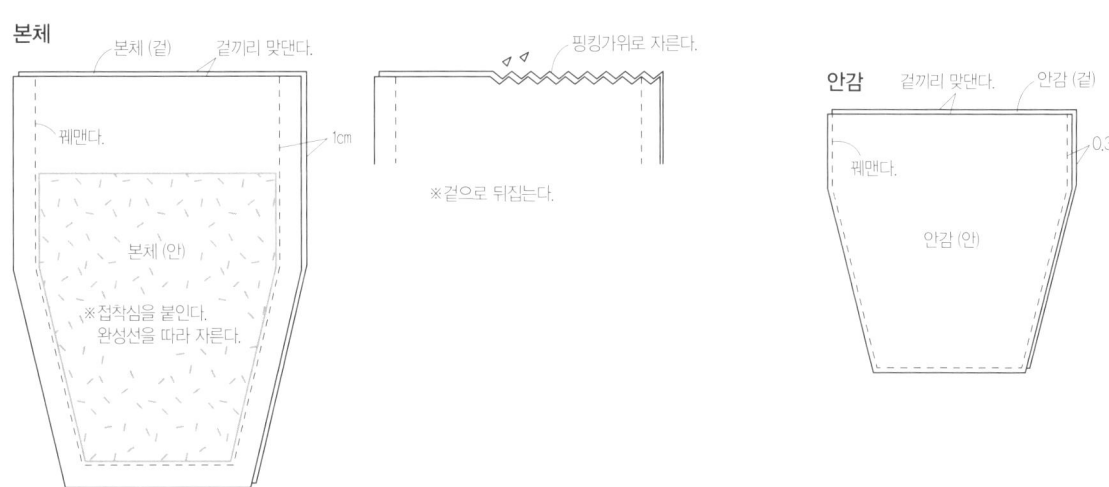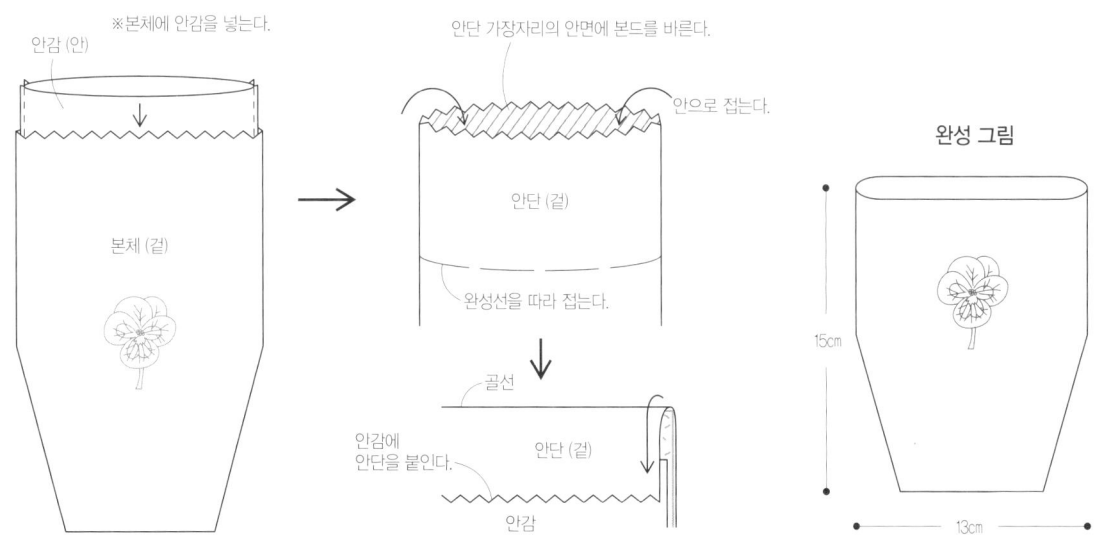

No. 2 - II p.21

토피어리 주머니

재료
[실] DMC 25번 자수 실 = 3347, 645, 936
[천] 베이지색 히코리 스트라이프 천 30×75cm,
　　안감용 리넨 25×50cm
[기타] 가방용 접착심 소프트 타입 30×50cm,
　　　지름 0.3cm의 왁스 코드 120cm, 가죽 5×10cm,
　　　코키(주머니 입구 여밈용 부자재) 8개

[만드는 방법]
1 히코리 스트라이프 천에 자수를 놓는다.
2 각 부분을 재단한다.
3 본체 2장을 겉끼리 맞대어 옆면과 바닥,
　모서리를 꿰맨다.
4 안감과 안단을 꿰매 잇고, 창구멍을 남겨
　본체와 똑같이 꿰맨다.
5 본체와 안감을 겉끼리 맞대어 입구를 꿰맨다.
6 겉으로 뒤집어 창구멍을 막고 모양을 정돈한다.
7 입구에 코키를 달고, 왁스 코드 2줄을
　엇갈리게 끼운 뒤 코드 끝에 가죽을 감는다.

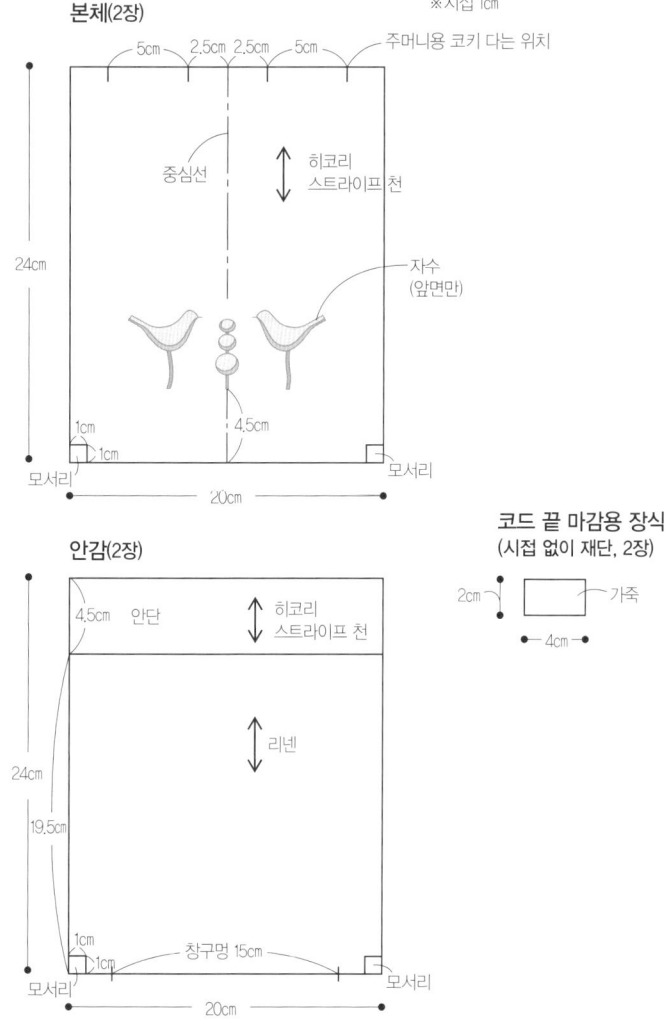

자수 도안(실물 크기)
• 모두 DMC 25번 자수 실이고, 지정한 것 이외에는 3가닥이다.

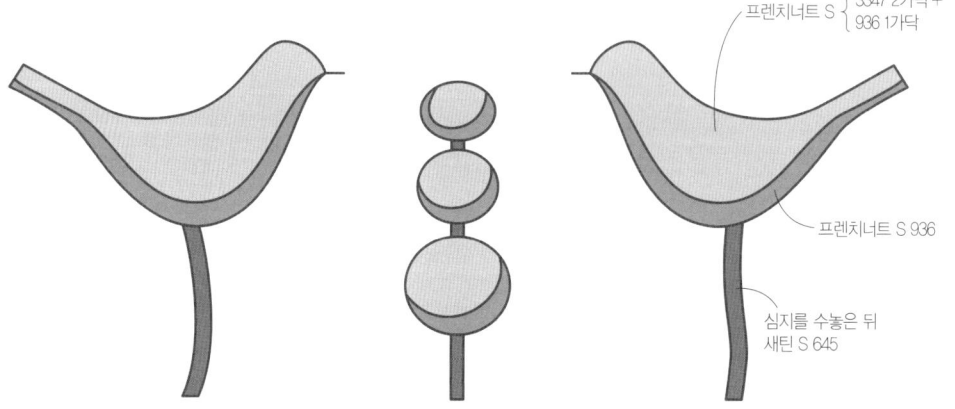

본체

안감

완성하는 방법

완성 그림

코키 다는 방법

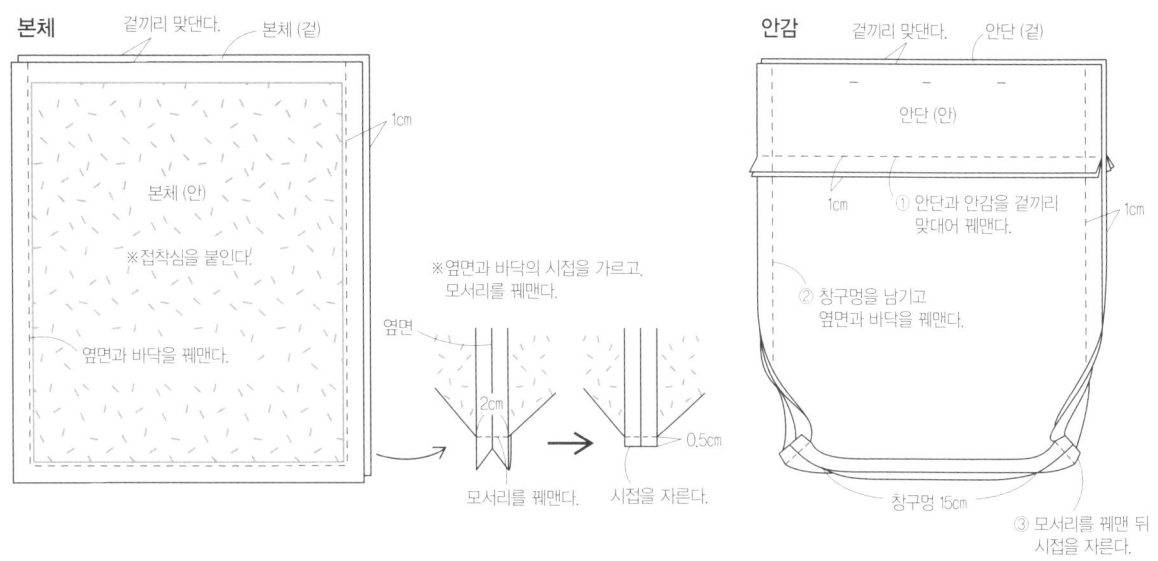

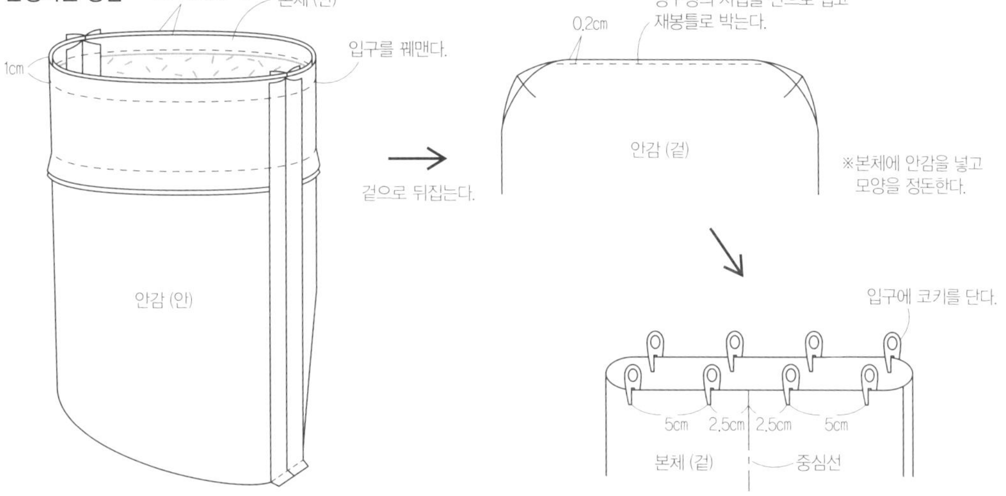

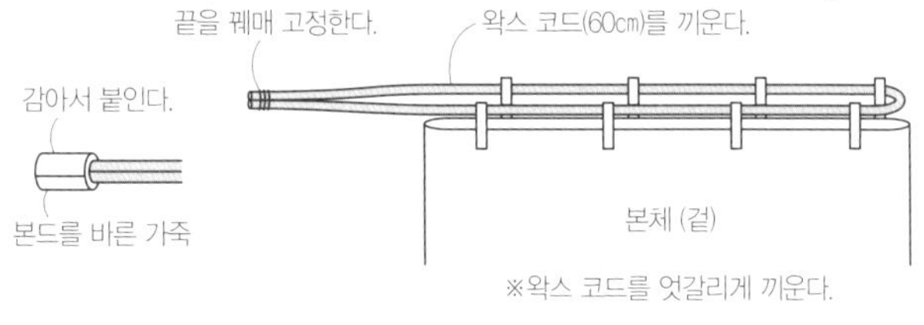

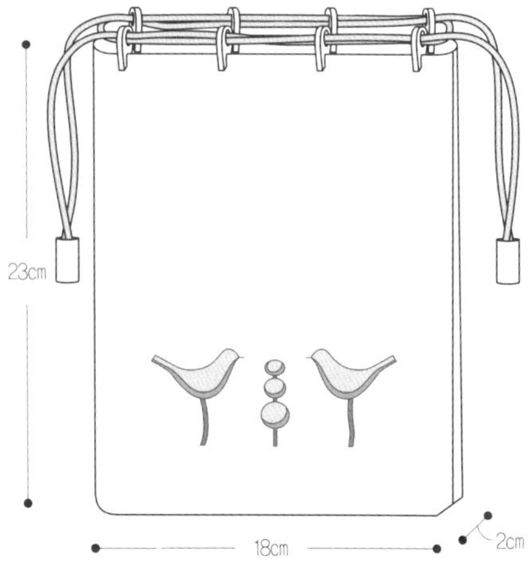

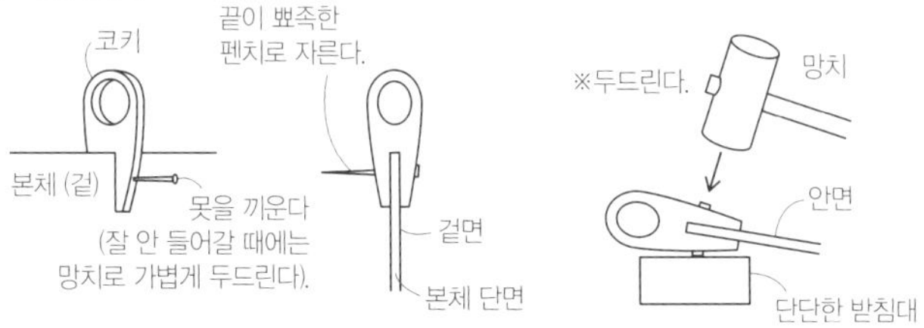

No. 2 - I p.20

토피어리 패널

재료

[실] 아오키 카즈코 오리지널 리넨 자수 실 =
스템그린, 라임그린, 리프그린, 로즈
DMC 25번 자수 실 = 320, 341, 368, 907
삼끈

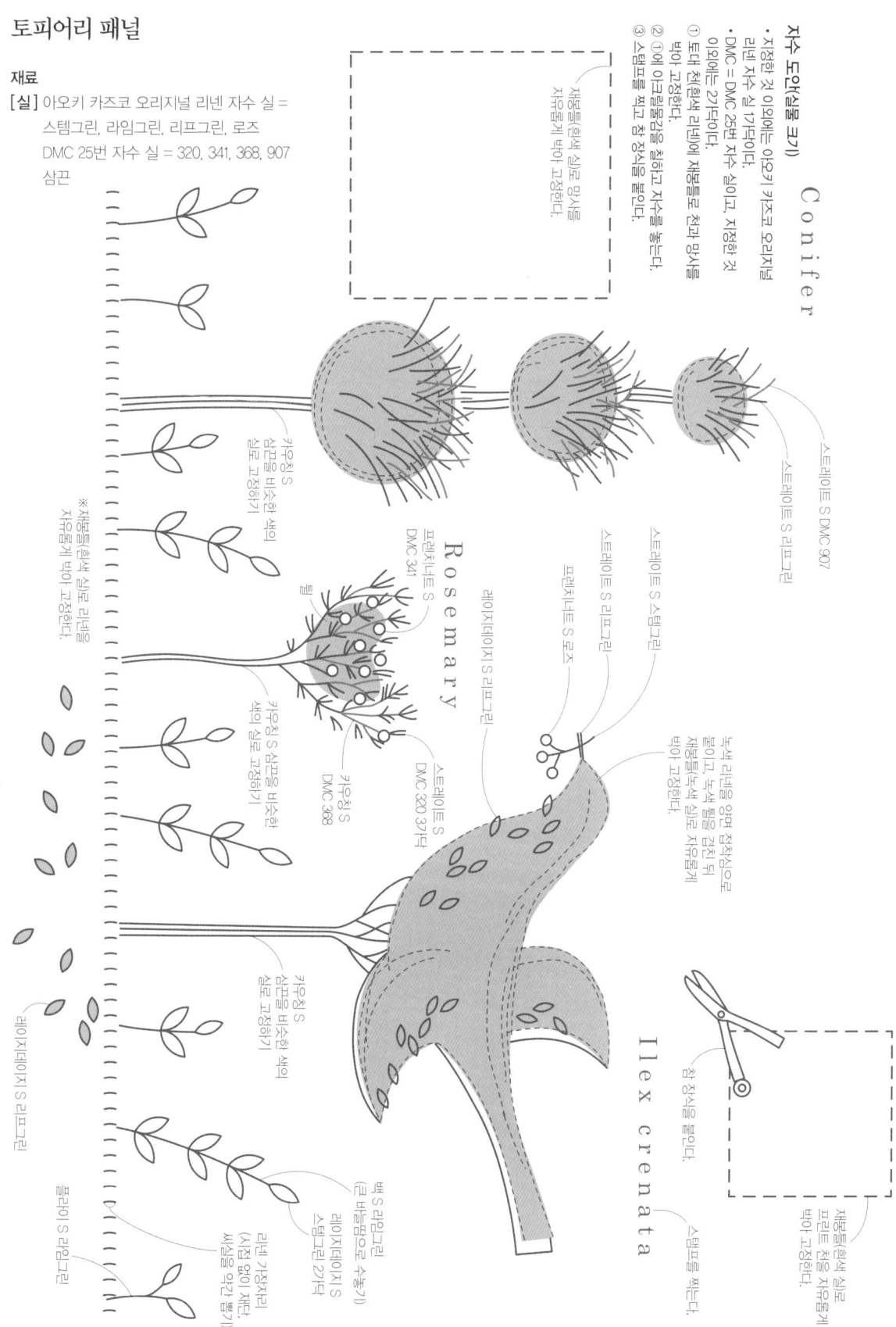

No.3 - I p.26
봄의 모아심기 노트

재료

[실] DMC 25번 자수 실 = 165, 211, 3012, 3078, 3347, 3348, 3363, 3607, 3608, 3609, 368, 3771, 3782, 3803, 3822, 3865, 704, 729, 822, 840, 988, 989
5번 자수 실 = 3012, 3348, 840, 989

자수 도안(133%로 확대해 사용)
- 모두 DMC 자수 실이고, 지정한 것 이외에는 25번 실 3가닥이다.
- 지정한 것 이외에는 새틴 S이다.
- 5번 실을 걸치는 카우칭 S는 같은 색의 25번 실 1가닥으로 고정한다.

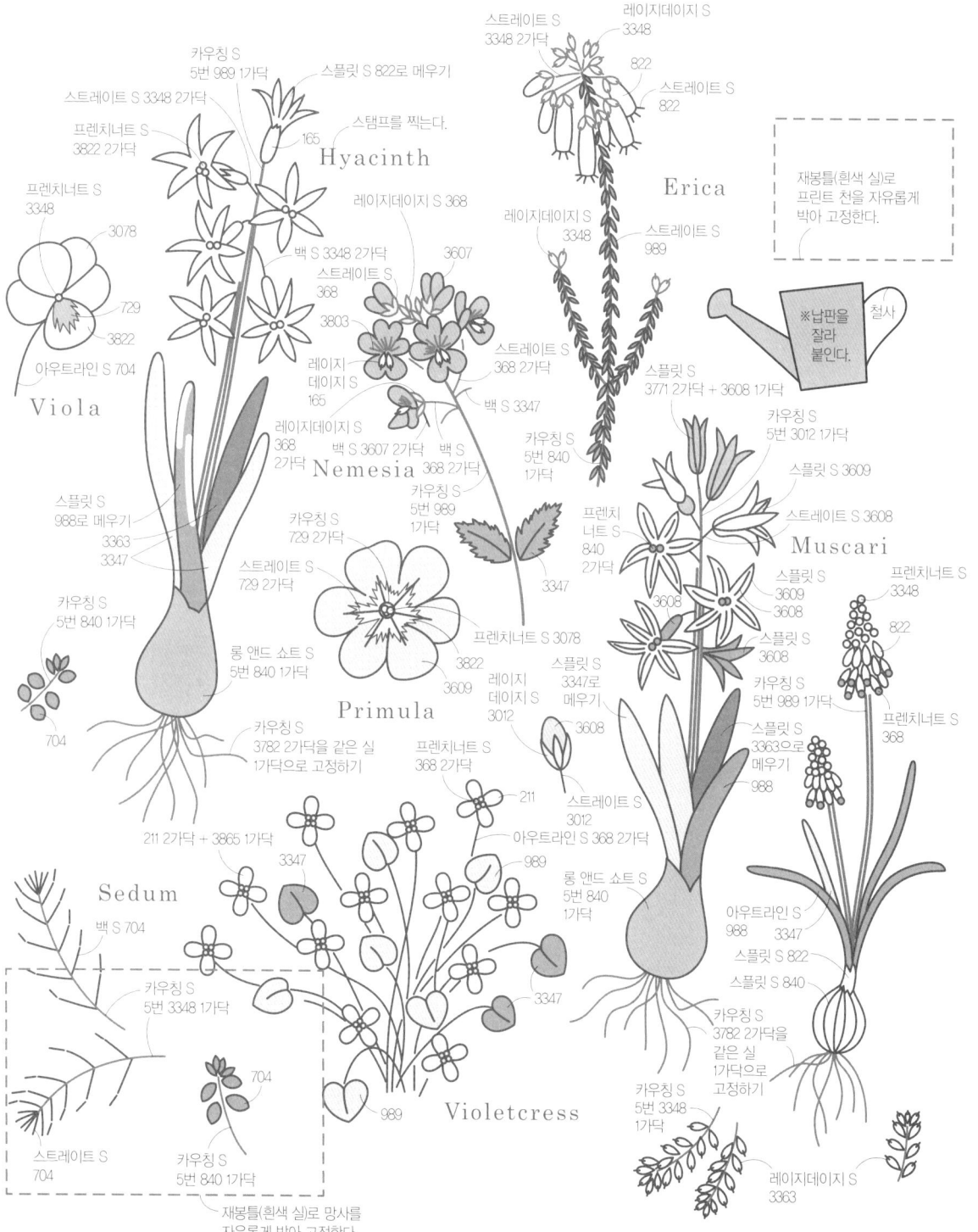

No. 3 – II p.27

바이올렛 크레스 도일리

재료

[실] DMC 25번 자수 실 = 3866

[천] 리넨 30×30cm

[만드는 방법]

1 리넨에 자수를 놓는다.

2 둘레에 시접을 두어 재단한다.

3 시접을 두 번 접어 감친다.
모서리는 액자 형태로 처리한다.

완성 그림

※시접 2cm

액자 형태로 처리하기

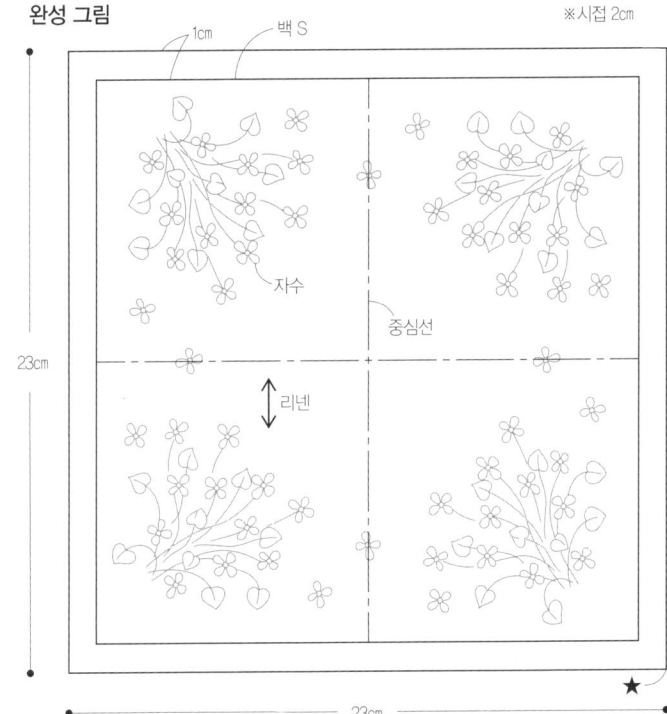

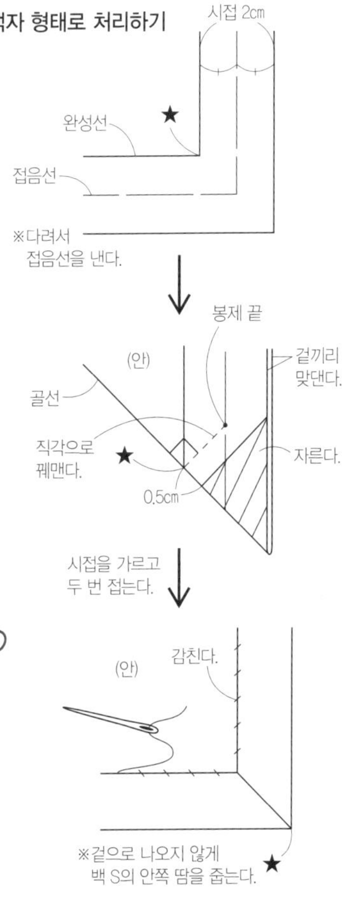

자수 도안(실물 크기)

• 모두 DMC 25번 자수 실 3866이고,
지정한 것 이외에는 3가닥이다.

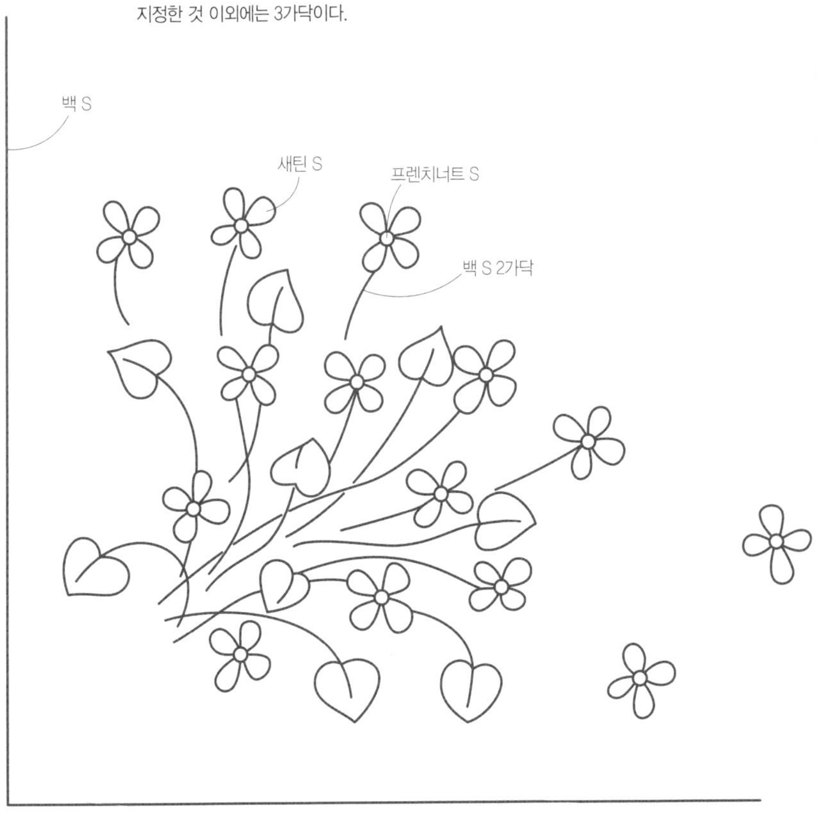

No.4 - I p.32

가을 겨울 달력

재료

[실] DMC 25번 자수 실 = 322, 327, 3346, 3347, 3733, 3782, 3826, 3831, 3853, 414, 434, 436, 471, 472, 612, 645, 646, 704, 729, 738, 822, 931, 972, 977, 989, BLANC, ECRU
AFE 리넨 자수 실 = 408, 910

자수 도안(실물 크기)

- 지정한 것 이외에는 DMC 25번 자수 실 3가닥이다.
- AFE = 아트 파이버 엔도 리넨 자수 실이고, 지정한 것 이외에는 37가닥이다.

※ Illustration by Hiro Kawada

No. 4 - II p.33

안경 케이스

재료(1점 분량)
[실] DMC 25번 자수 실 = 〈A〉 08, 3828, 520, 822
　　　〈B〉 310, 3346, 469, 783
[천] 두꺼운 리넨 25×25cm, 안감용 펠트 20×15cm
[기타] 가방용 접착심 소프트 타입 25×25cm

[만드는 방법]
1 리넨에 자수를 놓는다.
2 각 부분을 재단한다.
3 본체 2장을 겉끼리 맞대어 옆면과 바닥을 꿰맨다.
4 겉으로 뒤집고 안단을 안으로 접는다.
5 안감을 본체와 똑같이 꿰매고 입구에 본드를 바른다.
6 본체에 안감을 넣고 입구를 맞붙인다.

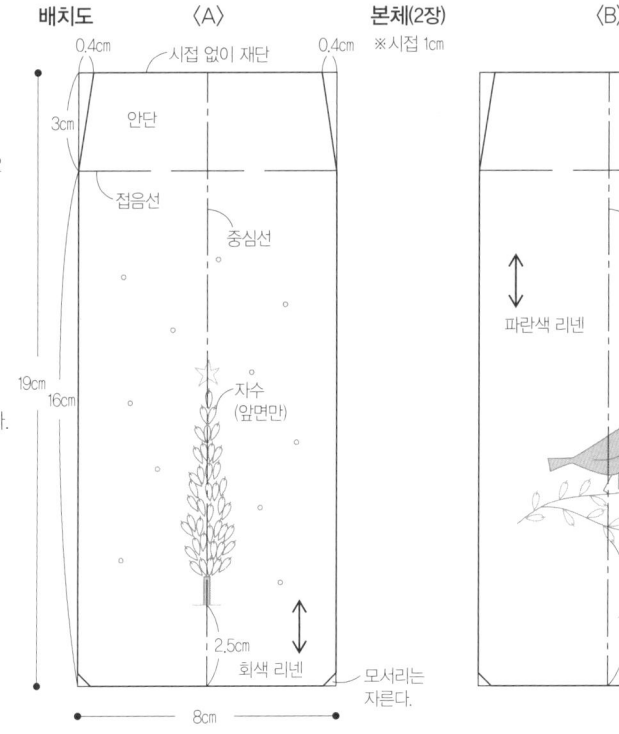
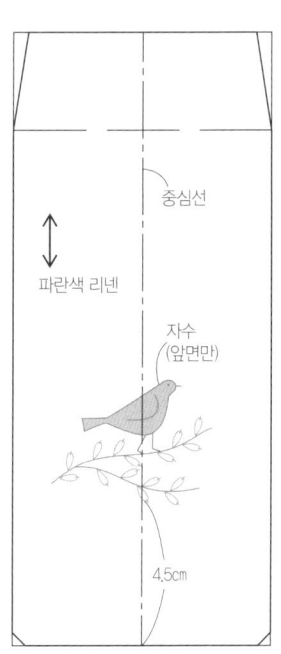
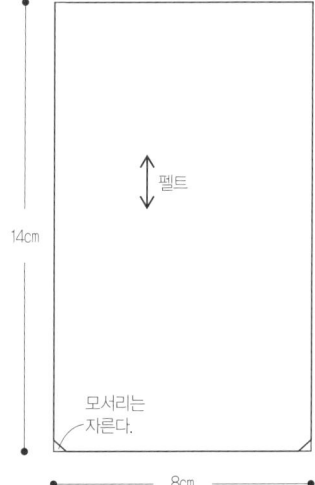

자수 도안(실물 크기)
• 모두 DMC 25번 자수 실이고, 지정한 것 이외에는 3가닥이다.

〈A〉
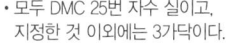
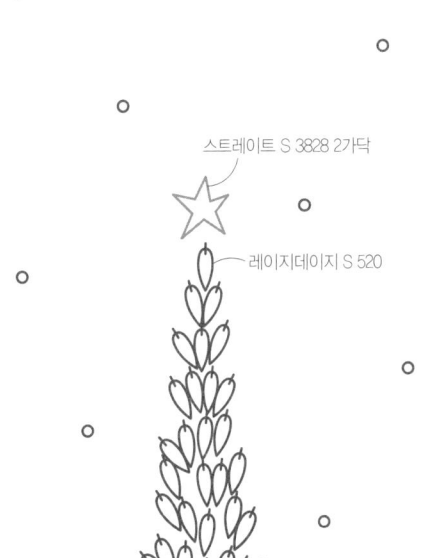

〈B〉
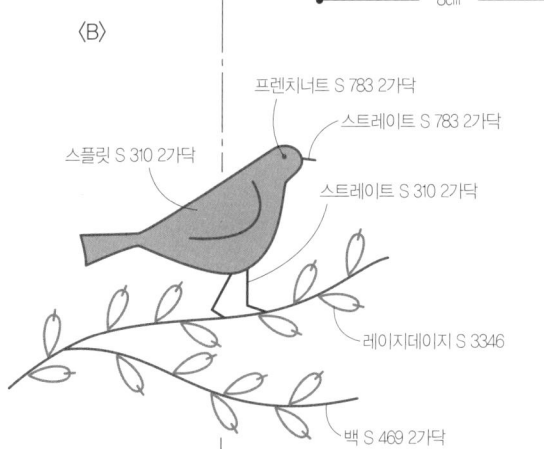

※Illustration by Hiro Kawada

본체

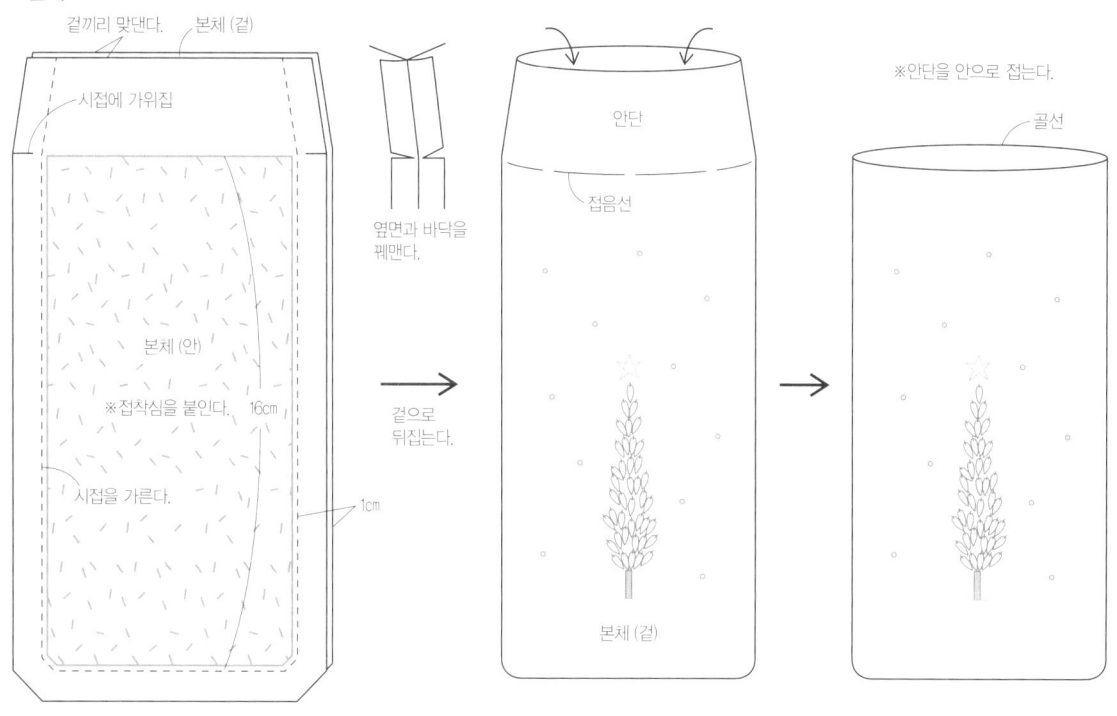

안감

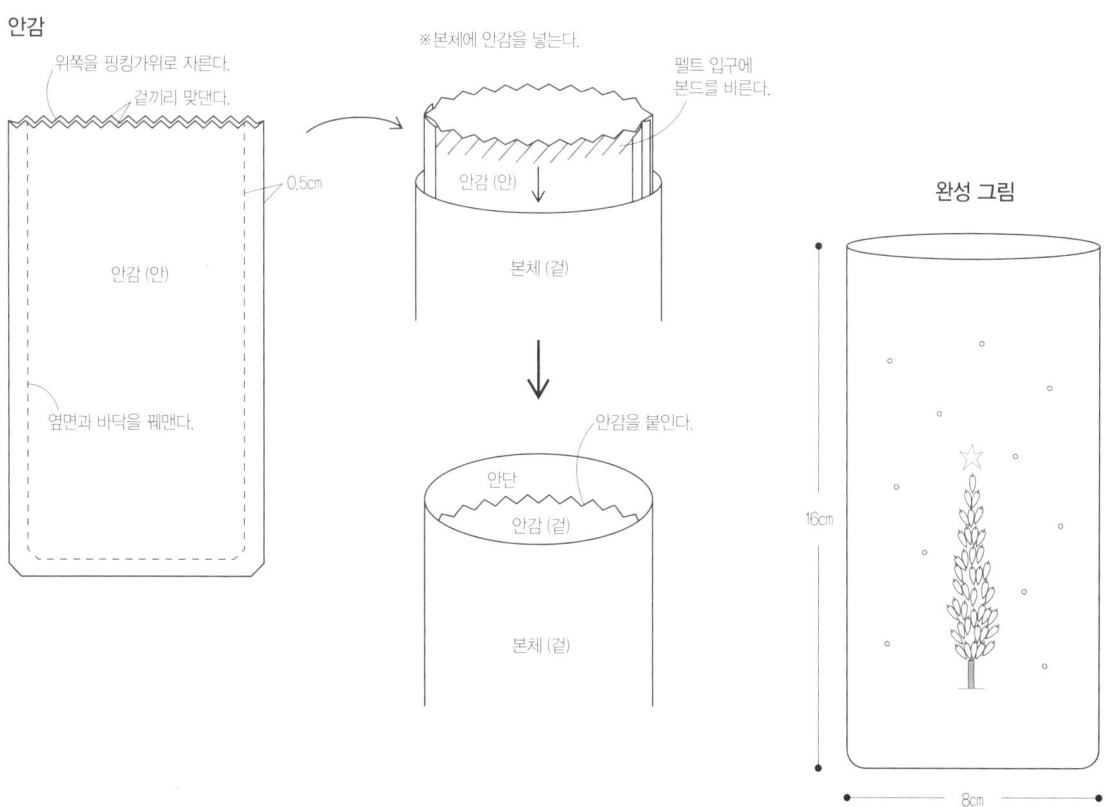

No. 5 - I p.38
알리움 스케치북

재료
[실] DMC 25번 자수 실 = 168, 554, 680, 703, 844, ECRU
AFE 리넨 자수 실 = 01, 02, 03
AFE 팬시 얀

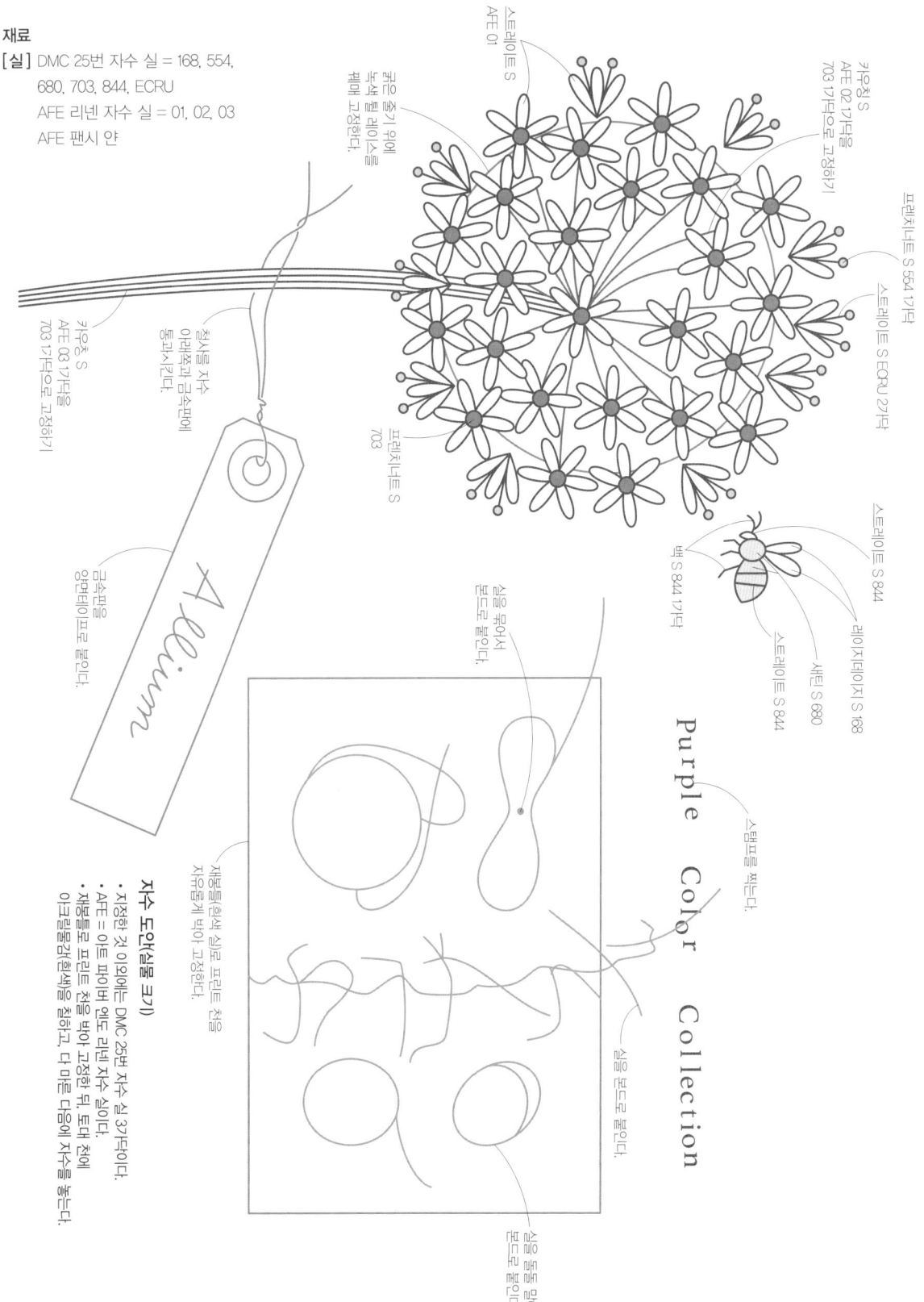

No.5-II p.39
White & Blue

재료
[실] AFE 리넨 자수 실 = 10, 5
　　　AFE 팬시 얀(그림 참고)
[천] 흰색 리넨 15×15cm, 프린트 천 10×10cm
[기타] 양면 접착심 15×15cm, 엽서

[만드는 방법]
1 큼직하게 자른 흰색 리넨 안면에 양면
　접착심을 붙이고, 마음에 드는
　프린트 천을 위에 올린다.
2 팬시 얀을 천 위에 나열해 재봉틀로 눌러
　박은 뒤 천을 자른다.
3 엽서에 붙인다.

・모두 AFE = 아트 파이버 엔도의
　실 1가닥을 사용한다.

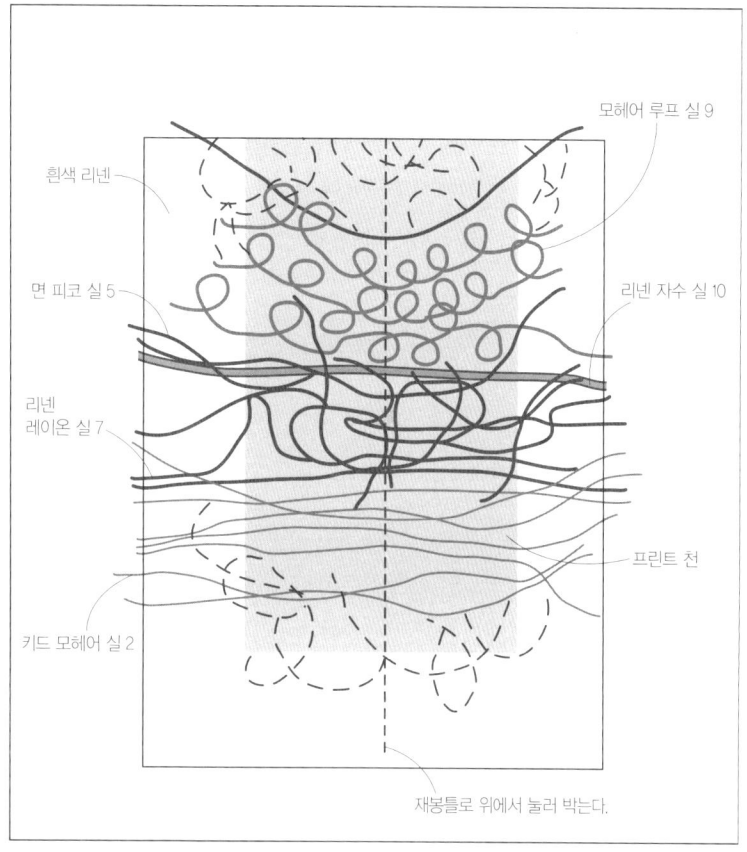

※천 위에 실을 놓고 재봉틀로 눌러 박는다.

모헤어 루프 실 9
흰색 리넨
면 피코 실 5
리넨 자수 실 10
리넨 레이온 실 7
프린트 천
키드 모헤어 실 2
재봉틀로 위에서 눌러 박는다.

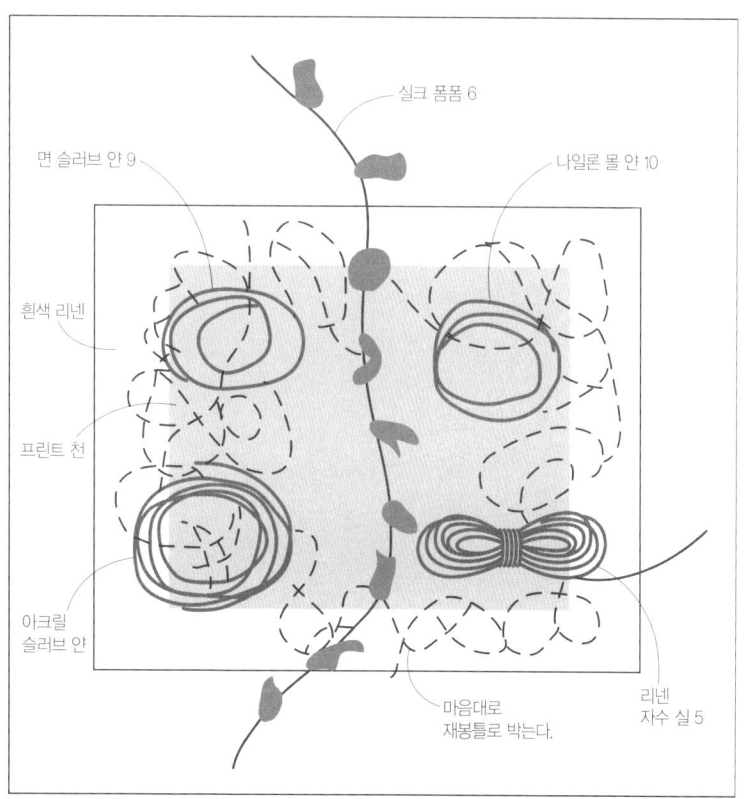

※실을 손가락에
감아 모양을 만든 뒤
본드로 천에 붙인다.

실크 폼폼 6
면 슬러브 얀 9
나일론 몰 얀 10
흰색 리넨
프린트 천
아크릴 슬러브 얀
마음대로 재봉틀로 박는다.
리넨 자수 실 5

No. 5 – III p.40
Yellow & Light Green

재료
[실] DMC 25번 자수 실 = 12, 168, 307, 3347, 3364, 3863, 647, 648, 844 AFE 자수 몰 안 = 502, 520
AFE 실크 파피에 실 = 5 AFE 면 피코 실 = 10

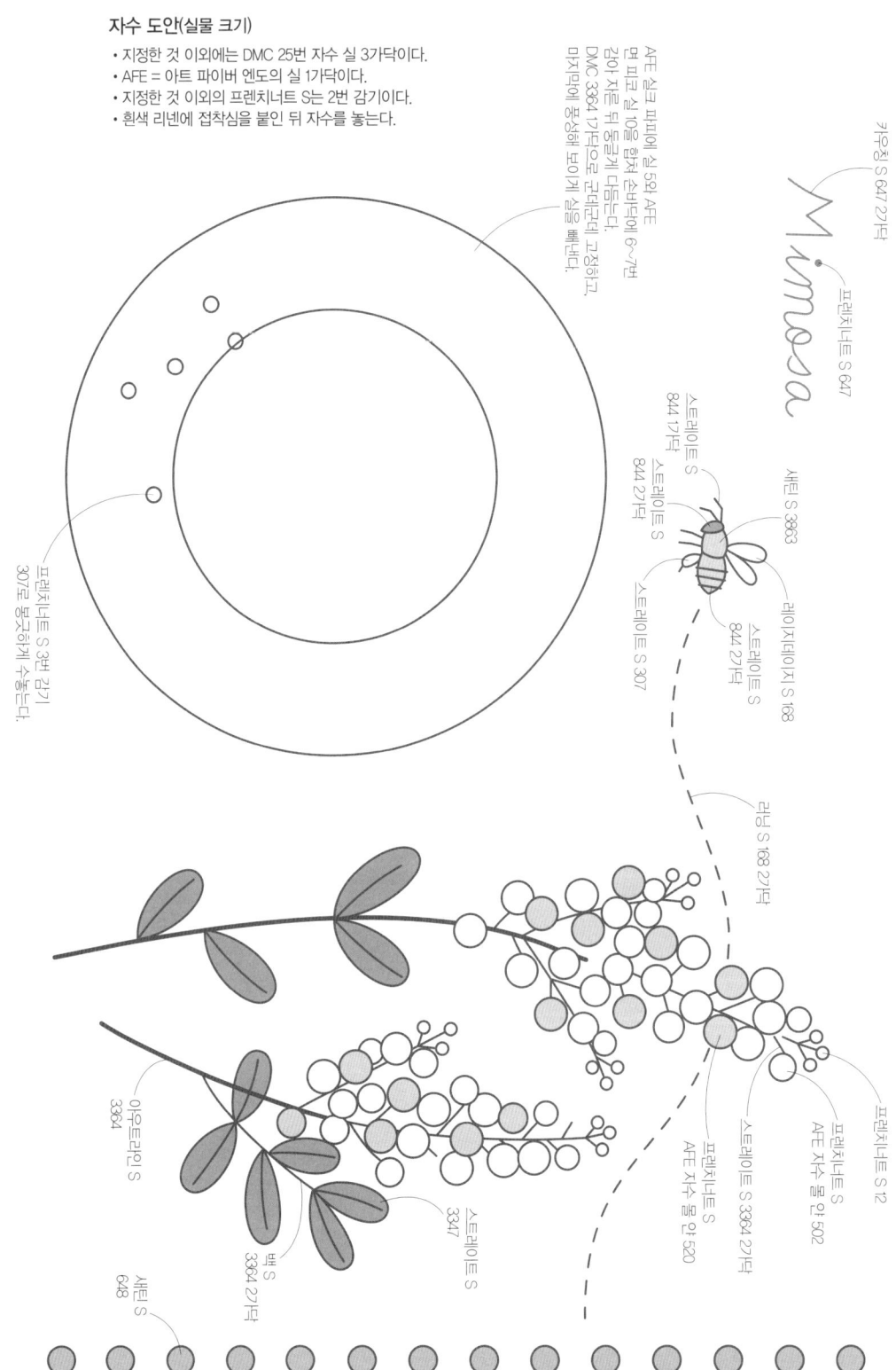

No. 5 - IV p.41
Pink & Rose

재료

[실] DMC 25번 자수 실 = 3052, 3347, 3348, 3363, 3863
5번 자수 실 = 3052 AFE 리넨 자수 실 = 143
AFE 팬시 얀(그림 참고)

자수 도안(실물 크기)
- 지정한 것 이외에는 DMC 25번 자수 실 3가닥이고, 5번 실은 1가닥이다.
- AFE = 아트 파이버 엔도의 실 1가닥이다.
- 자수를 놓은 뒤 두께 0.7cm의 스티렌 보드를 2장 겹치고, 그 위에 자수를 붙인다. 둘레에 그로그랭 리본(MOKUBA No.8000-11)을 양면 접착테이프로 붙인다.

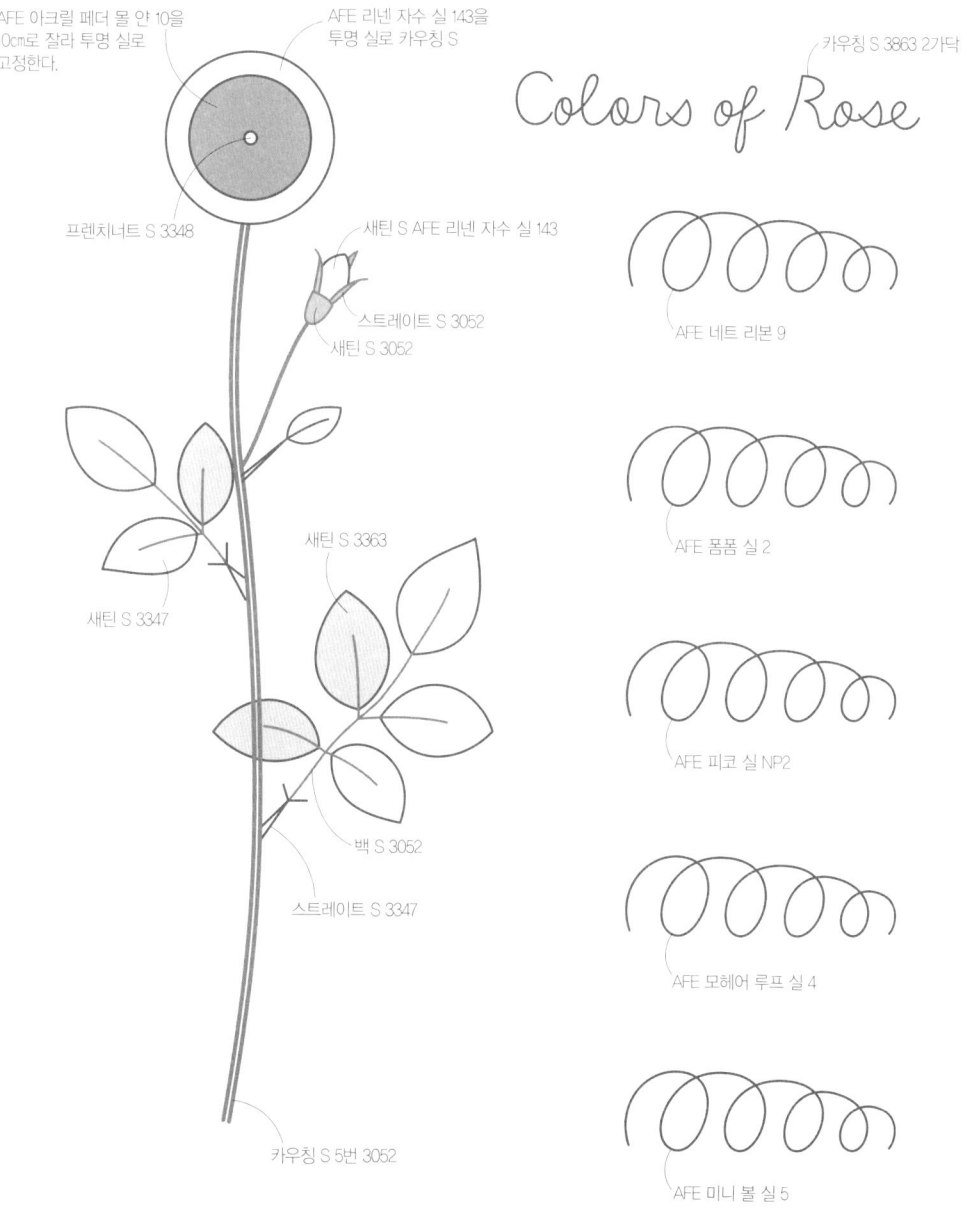

※AFE의 팬시 얀은 천 위에 놓은 뒤 카우칭 S로 고정한다.

No. 5 - V p.42

Off-White

재료

[실] DMC 25번 자수 실 = 3011, 471, 869, ECRU
AFE 리넨 자수 실 = 416   AFE 모헤어 실 = 2

민들레 중심

※중심을 수놓은 뒤 틸을 올려 솜털을 수놓는다.

레이지데이지 S 869

백 S 3011

자수 도안(실물 크기)

- 지정한 것 이외에는 DMC 25번 자수 실 3가닥이다.
- AFE = 아트 파이버 엔도의 실 1가닥이다.
- 자수를 놓은 뒤, 두께 0.7㎝의 스티렌 보드를 2장 겹치고 그 위에 자수를 붙인다. 둘레에 그로그랭 리본(MOKUBA No.8900-43)을 양면 접착테이프로 붙인다.

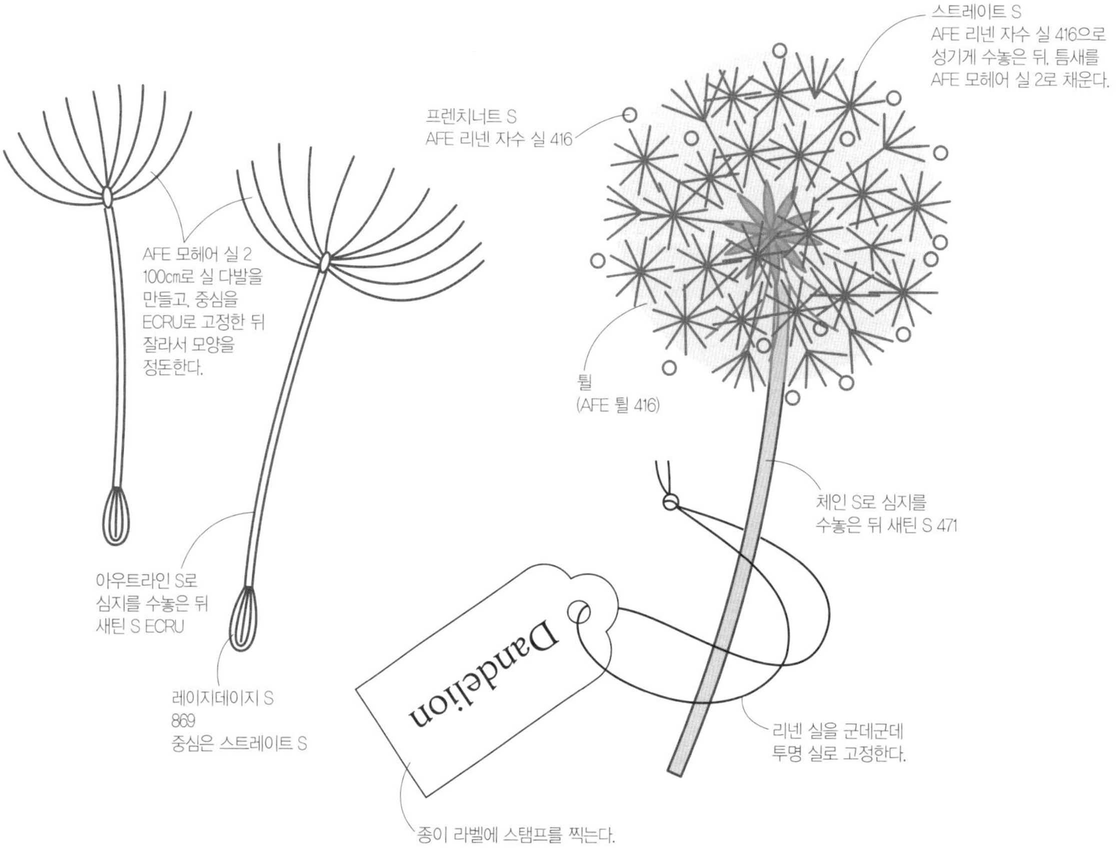

스트레이트 S
AFE 리넨 자수 실 416으로 성기게 수놓은 뒤, 틈새를 AFE 모헤어 실 2로 채운다.

프렌치너트 S
AFE 리넨 자수 실 416

AFE 모헤어 실 2
100cm로 실 다발을 만들고, 중심을 ECRU로 고정한 뒤 잘라서 모양을 정돈한다.

틸
(AFE 틸 416)

아웃라인 S로 심지를 수놓은 뒤 새틴 S ECRU

체인 S로 심지를 수놓은 뒤 새틴 S 471

레이지데이지 S 869
중심은 스트레이트 S

리넨 실을 군데군데 투명 실로 고정한다.

종이 라벨에 스탬프를 찍는다.

No. 5 – VI p.43
Brown

재료

[실] DMC 25번 자수 실 = 648, 844 AFE 팬시 얀(그림 참고)

자수 도안(실물 크기)
- 지정한 것 이외에는 DMC 25번 자수 실 3가닥이다.
- AFE = 아트 파이버 엔도의 실 1가닥이다.

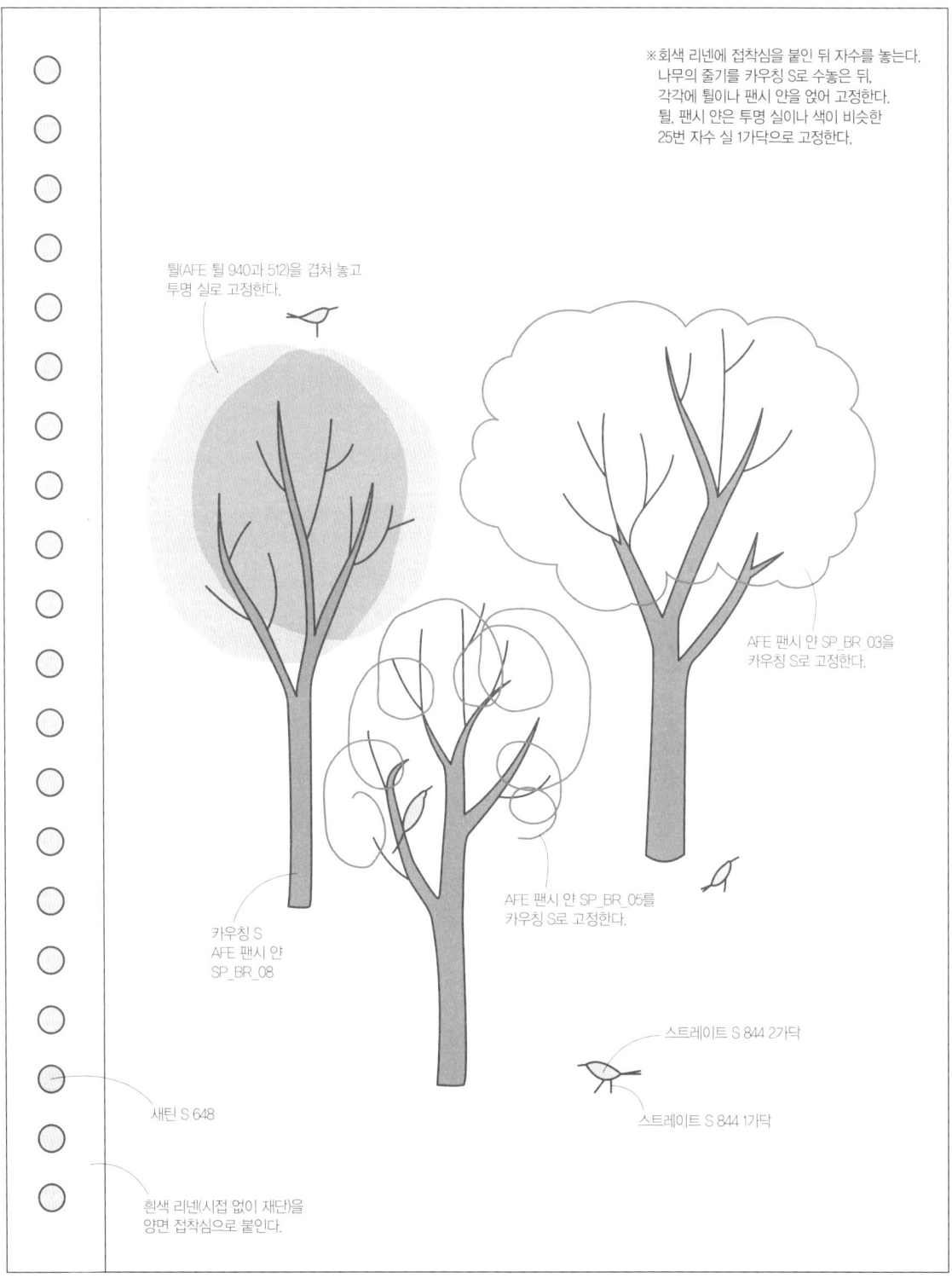

No. 6 - I p.50

다테시나 들판의 허브 부케

재료

[실] DMC 25번 자수 실 = 153, 208, 225, 3046, 3346, 3347, 3364, 367, 368, 3821, 3865, 471, 610, 989
5번 자수 실 = 368, 471, 610, 989

자수 도안(125%로 확대해 사용)
· 모두 DMC 자수 실이고, 지정한 것 이외에는 25번 실 2가닥이다.
· 지정한 것 이외에는 새틴 S이다.
· 지정한 것 이외의 아우트라인 S는 5번 실 1가닥을 같은 색의 25번 실 1가닥으로 고정한다.
· 지정한 것 이외의 프렌치노트 S는 2번 감기이다.

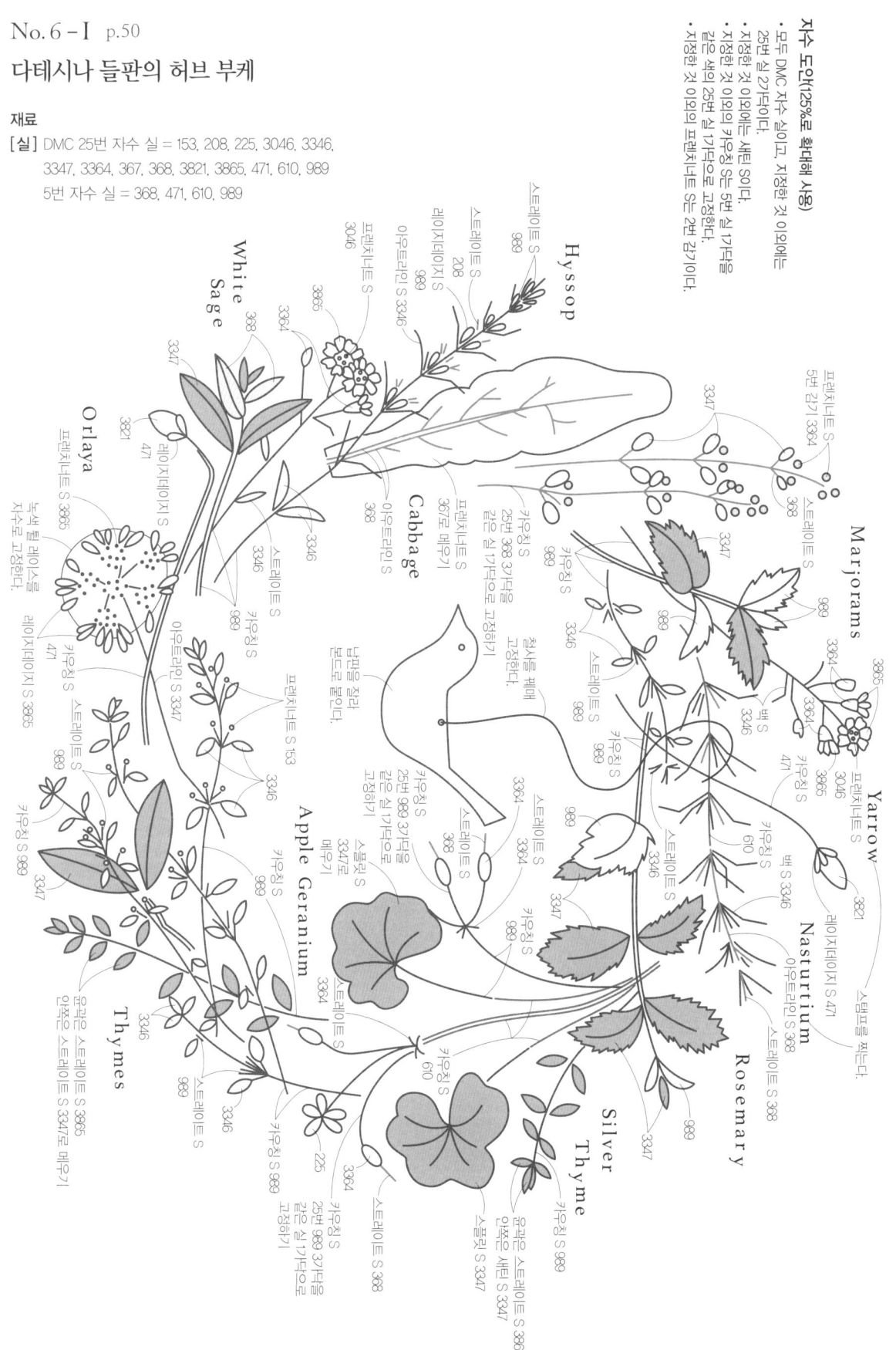

No.6 - II p.51
와일드 데이지 클로스

재료
[실] DMC 25번 자수 실 = 3354, 3821, 3866, 580, 937
[천] 시판되는 리넨 클로스 1장

[만드는 방법]
시판되는 리넨 클로스 모서리에 자수를 놓는다.

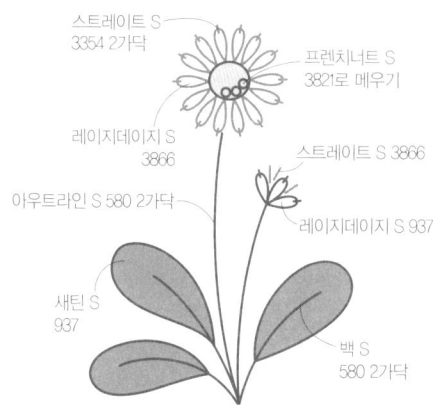

자수 도안(실물 크기)
• 모두 DMC 25번 자수 실이고, 지정한 것 이외에는 3가닥이다.

스트레이트 S 3354 2가닥
프렌치너트 S 3821로 메우기
레이지데이지 S 3866
스트레이트 S 3866
아우트라인 S 580 2가닥
레이지데이지 S 937
새틴 S 937
백 S 580 2가닥

No. 7 - II p.57

가든 백

재료
[실] DMC 25번 자수 실 = 3347, 3687, 3799, 3858, 937
[천] 카키색 캔버스 50×30cm
[기타] 폭 1cm의 가죽 테이프 28cm,
       바닥용 가죽 11×8cm, 손잡이 커버용 가죽 6×4cm

[만드는 방법]
1 캔버스에 자수를 놓는다.
2 각 부분을 재단한다.
3 본체 둘레에 지그재그박기를 한다.
4 본체 2장을 겉끼리 맞대어 옆면과 바닥,
  모서리를 꿰맨다.
5 겉으로 뒤집고 안단을 안으로 접는다.
6 손잡이를 단다.
7 옆면을 재봉틀로 눌러 박는다.
8 바닥에 바닥용 가죽을 넣어 붙인다.

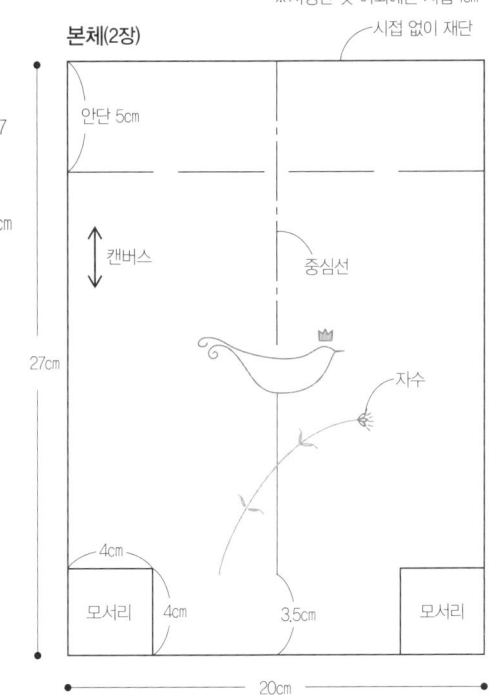

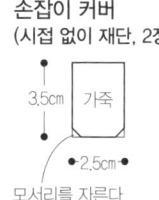

자수 도안(실물 크기)
• 모두 DMC 25번 자수 실 3가닥이다.

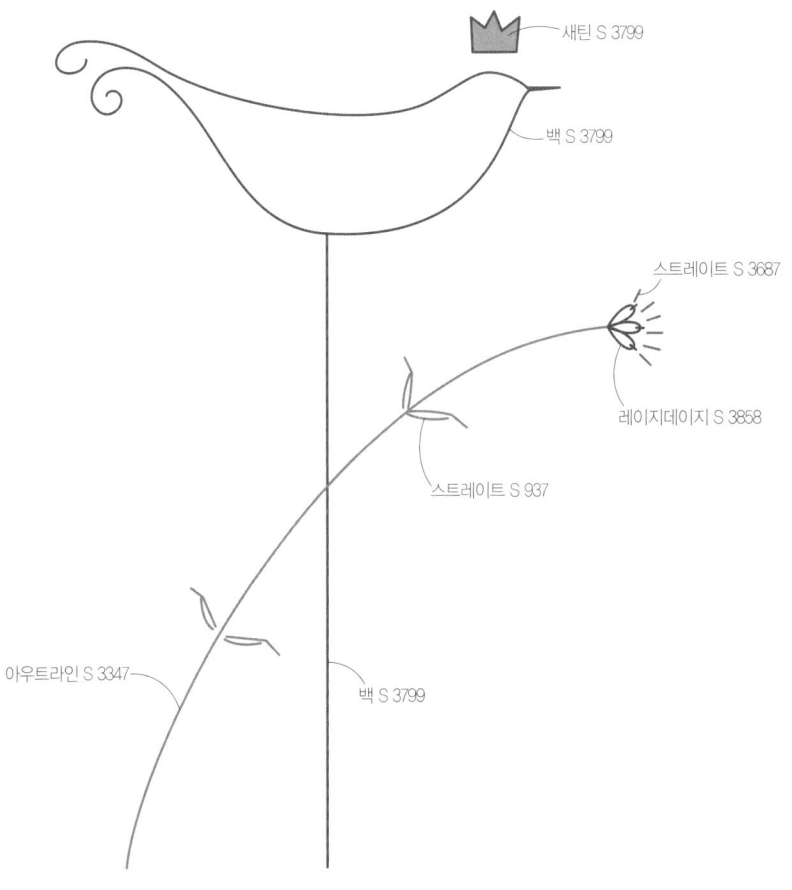

걸끼리 맞댄다.
본체 (겉)
① 둘레에 오버로크 또는 지그재그박기를 한다.
본체 (안)
② 옆면과 바닥을 꿰맨다.
1cm
시접을 가른다.
본체 (안)
4cm
1cm
4cm
③ 모서리를 꿰맨다.
④ 여분을 자른다.
⑤ 겉으로 뒤집는다.
⑥ 안단을 안으로 접는다.
5cm
안단
접음선
본체 (겉)

※손잡이를 단다.
폭 1cm 가죽 테이프(28cm)
3cm
앞뒷면 중심에 손잡이를 꿰맨다.
2cm
재봉틀로 박는다.
앞 중심
골선
안단 (겉)
손잡이 커버 (겉)
손잡이 커버 안면에 본드를 발라 안단에 붙인다.

11cm
8cm
바닥용 가죽
※안에 넣어 붙인다.
본체 (겉)
4cm
2cm
옆면을 재봉틀로 눌러 박는다.
옆면

완성 그림

18cm
8cm
12cm

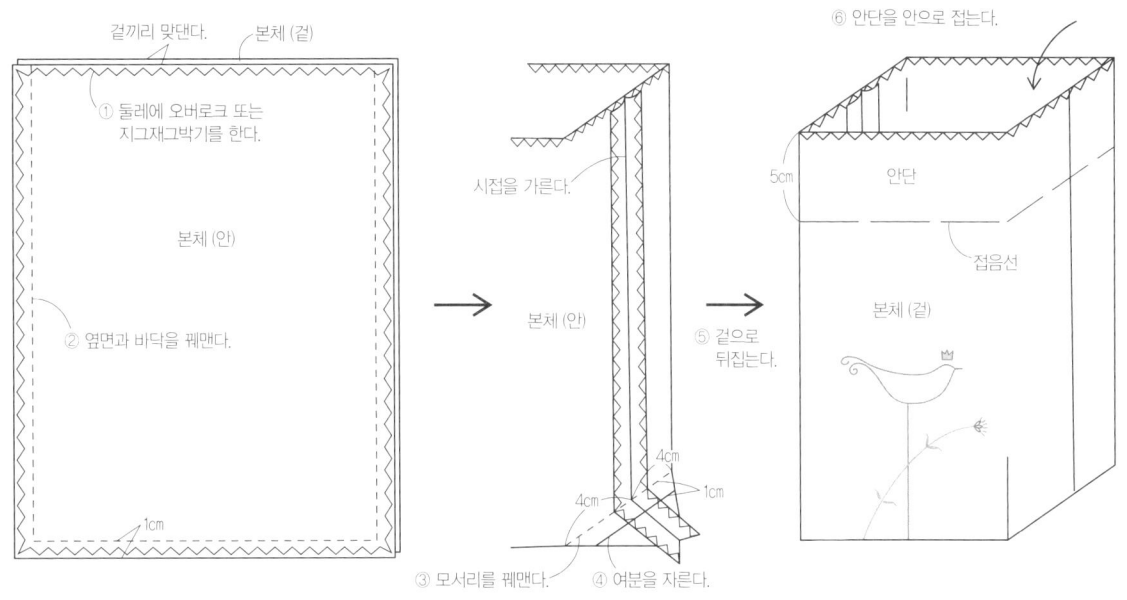

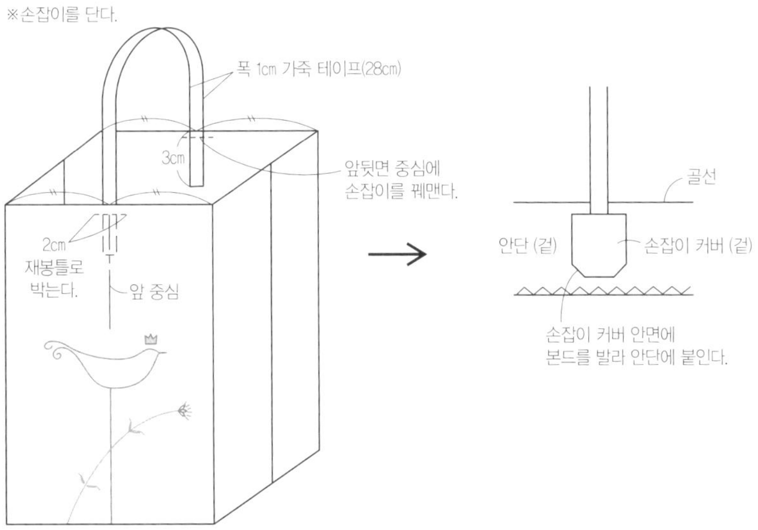

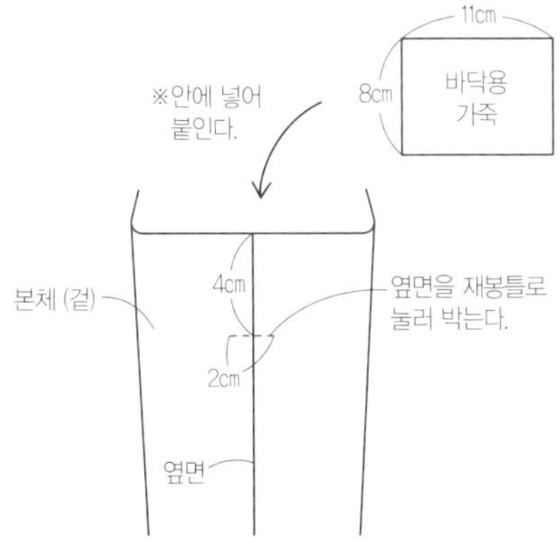

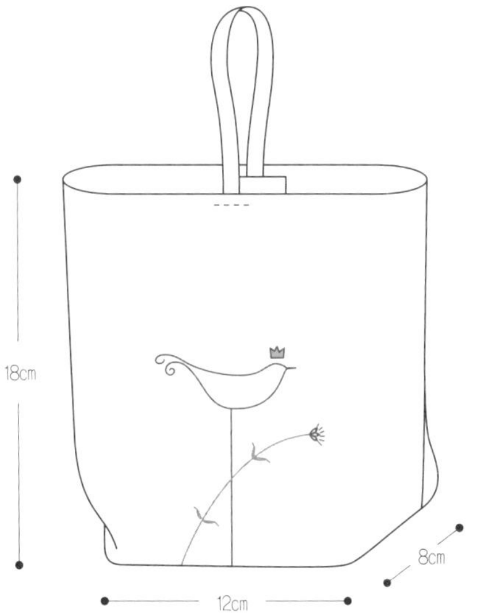

No. 7 - I p.56

장미꽃을 따서

재료

[실] DMC 25번 자수 실 = 3012, 315, 341, 3607, 3689, 3806, 3821, 3832, 603, 907, 988, 989, ECRU
5번 자수 실 = 3012, 989
AFE 리넨 자수 실 = 402
자수용 리본

자수 도안(실물 크기)

- 지정한 것 이외에는 DMC 25번 자수 실 3가닥이다.
- AFE = 이는 파이버 앤드 리넨 자수 실 1가닥이다.
- 재봉틀로 프린트 천과 튤 레이스를 박아 고정한 뒤, 토대 천에 아크릴물감(흰색)을 칠하고 다 마른 다음에 자수를 놓는다.
- 프렌치네트 S는 도구 2번 감기이다.

재봉틀흰색 실로 프린트 천을 자유롭게 박아 고정한다.

가우칭S 5번 989 1가닥을 989 1가닥으로 고정하기

백 S 988

청사를 낙서중으로 고정한다.

남은 끝을 정리 본드로 붙인다.

Dianthus

스탬프를 찍는다.

스트레이트 S 3607

레이지데이지 S 35

Smoke tree

백 S 3012

이웃트라인 S 3012

가우칭S 5번 3012 1가닥을 3012 1가닥으로 고정하기

스트레이트 S 907 2가닥

백 S 989 1가닥

새틴 S 35

가우칭S 603 6가닥을 같은 실 2가닥으로 고정하기

새틴 S 988

새틴 S 3806

레이지데이지 S 3821 2가닥 프렌치네트 메우기 백 S 989 2가닥

가우칭S 5번 989 1가닥을 989 1가닥으로 고정하기

레이지 데이지 S 3821 2가닥 프렌치네트 3689 2가닥

자수용 리본 50mm를 중심에 담가 8cm로 잘라 채워 고정한다.

프렌치네트 고정하기

새틴 S 988

새틴 S 3689

레이지데이지 S 988

스트레이트 S 988

스트레이트 S 3806

스트레이트 S 3832 2가닥

Foxglove

프렌치네트 3689 2가닥

레이지데이지 S 3689 2가닥

새틴 S 3806

스트레이트 S 341

레이지데이지 S ECRU

프렌치네트 같은 실 1가닥으로 ECRU 메우기

스트레이트 S 989 2가닥

녹색 튤 레이스를 ECRU로 고정한다.

프렌치네트 채워 메우기

레이지데이지 S 989 2가닥

새틴 S 3832

스트레이트 S 3832 2가닥

레이지데이지 S ECRU 2가닥 인쪽을 프렌치네트 3821 2가닥으로 메우기

가우칭S AFE 402 1가닥을 같은 실로 고정하기

흰색 리넨을 얇은 접착심으로 붙인다.

재봉틀흰색 실로 흰색 튤 레이스를 자유롭게 박아 고정한다.

No.8-I p.62

꿀벌 스케치북

재료

[실] DMC 25번 자수 실 = 168, 646, 677, 729, 782, 844

자수 도안(125%로 확대해 사용)

- 모두 DMC 25번 자수 실이고, 지정한 것 이외에는 3가닥이다.
- 재봉틀로 프린트 천과 한랭사를 박아 고정한 뒤, 도대 전에 아크릴물감(검은색)을 옅게 칠하고, 다 마른 다음에 자수를 놓는다.
- 다른 천에 벌A・벌B 수놓은 다음, 안면에 접착심을 붙여 벌 모양으로 오려 낸 뒤, 도대 전에 본드로 붙인다.
- 프렌치 노트 스는 모두 2번 감기이다.

재봉틀흰색 실로 프린트 전을 자유롭게 박아 고정한다.

스트레이트 S 677 2가닥

재봉틀흰색 실로 한랭사를 자유롭게 박아 고정한다.

새틴 S 729

A

새틴 S 844 2가닥

Drone

새틴 S 782

프렌치 노트 S 844

Queen Bee

납작을 집어 본드로 붙인다.

프렌치 노트 S 844

새틴 S 844 2가닥

새틴 S 844 2가닥

스트레이트 S 646 1가닥

레이지데이지 S 168

새틴 S 729

스트레이트 S 844 1가닥

스트레이트 S 844 2가닥

스템프를 찍는다. Worker Bee

B

재봉틀흰색 실로 한랭사를 자유롭게 박아 고정한다.

137

No. 8 – II p.63

꿀벌 핀 쿠션과 싸개 단추

재료

[실] DMC 25번 자수 실 = 03, 3799, 729

[천] 〈핀 쿠션〉 리넨 20×20cm
〈싸개 단추〉 리넨 10×10cm

[기타] 〈핀 쿠션〉 지름 6cm의 우드 볼(코스모 No.650-1 블랙), 충전 솜 적당량
〈싸개 단추〉 지름 2.2cm의 싸개 단추 부자재 1개

[만드는 방법] 〈핀 쿠션〉

1 리넨에 자수를 놓는다.
2 원형으로 자르고 둘레를 홈질한다.
3 솜을 넣고 실을 당겨서 오므린다.
4 우드 볼에 올려서 붙인다.

배치도

※모두 시접 없이 재단

자수 도안(실물 크기)

• 모두 DMC 25번 자수 실이다.

완성 그림

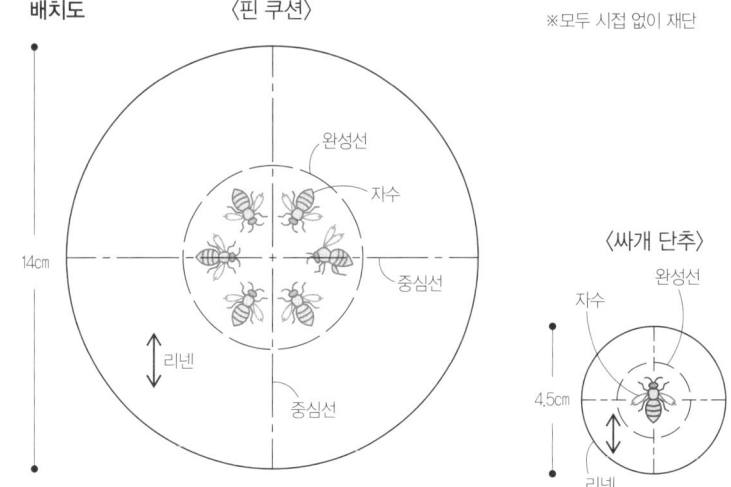

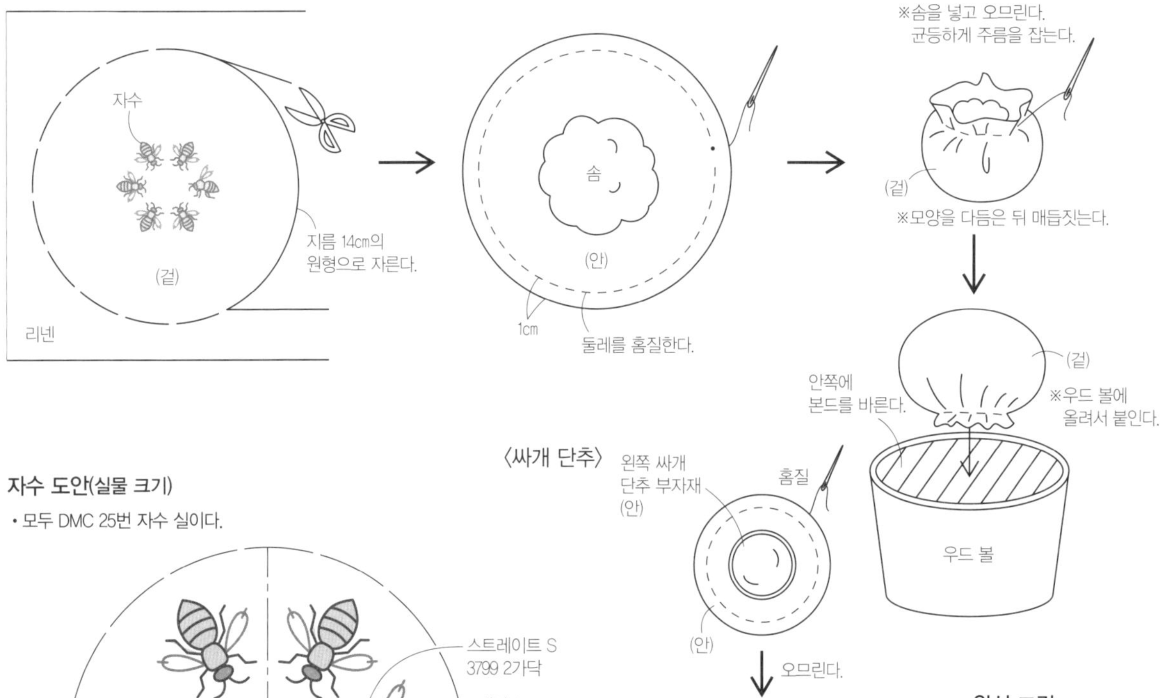

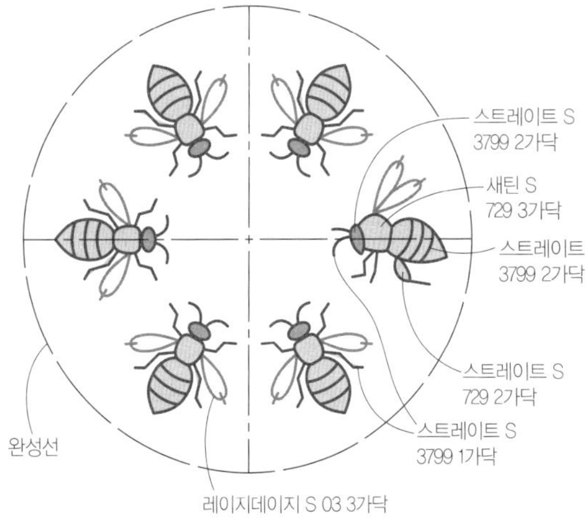

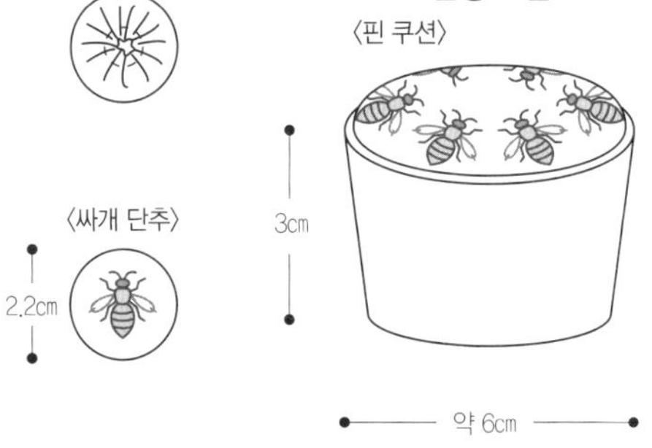

No.9-I p.68
장미의 이름

재료
[실] DMC 25번 자수 실 = 168, 3348, 3363, 368, 3713, 3733, 3778, 3855, 3859, 470, 647, 729, 819, 839, 844, 976, 988, 989, ECRU
5번 자수 실 = 470, 989
AFE 리넨 자수 실 = 101, 110, 416
MOKUBA 오건디 리본 No.1500 = #15
MOKUBA 엠브로이더리 리본
No.1540 = #013, #063

자수 도안(140%로 확대해 사용)
· 지정한 것 이외에는 DMC 25번 자수 실 3가닥이고, 5번 실은 1가닥이다.
· 리본은 모두 MOKUBA 리본이고,
 No. = 상품 번호, # = 색 번호, ( ) 안 = 리본 폭이다.
· AFE = 이튿 파이버 엔도 리넨 자수 실 1가닥이다.

No. 9 - II p.69
Jill 북 커버

재료
[실] DMC 25번 자수 실 = 3866, 930
[천] 암회색 리넨 45×20cm
[기타] 접착심 45×20cm, 폭 1.5cm의 그로그랭 리본 18cm,
　　　폭 0.3cm의 책갈피용 리본 25cm

[만드는 방법]
1 리넨에 접착심을 붙인 뒤 자수를 놓는다.
2 시접을 두어 재단하고 둘레를 지그재그박기로 처리한다.
3 좌우의 시접을 안으로 접어 꿰맨다.
4 위아래의 시접을 접는다.
5 리본을 임시 고정하고 주머니 부분을 접은 뒤, 위아래를 꿰맨다.

자수 도안(실물 크기)
• 모두 DMC 25번 자수 실이고,
　지정한 것 이외에는 3가닥이다.

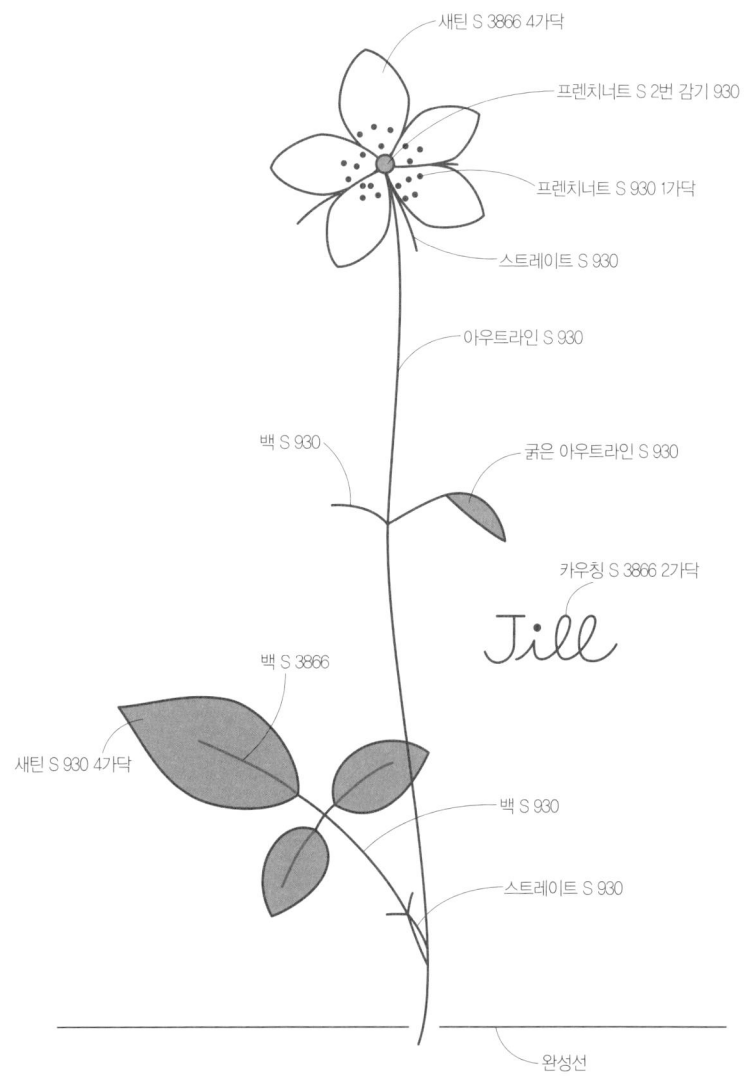

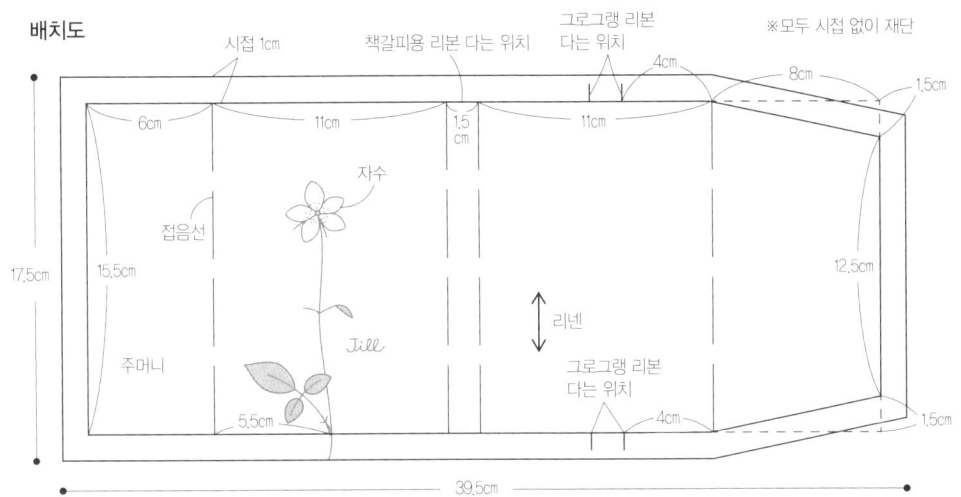

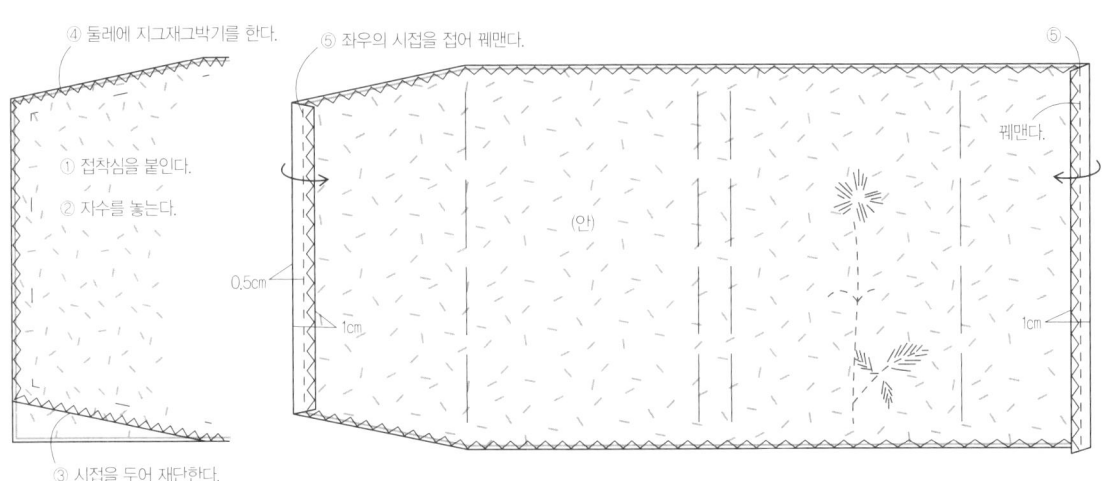

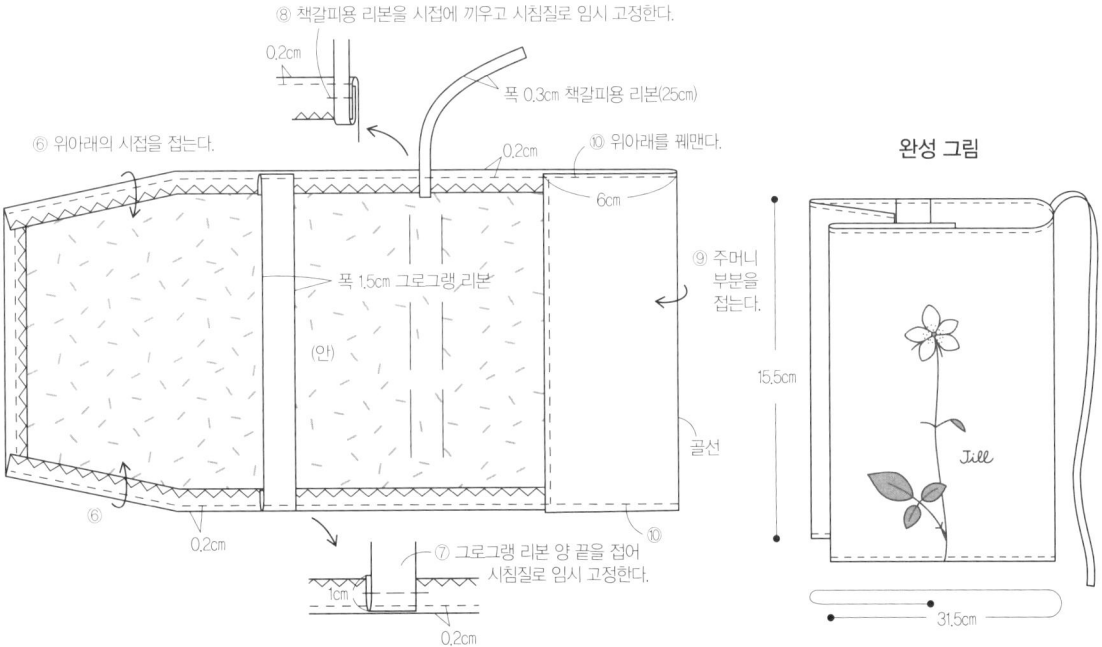

No. 10-Ⅰ p.74

roadside의 꽃

재료

[실] DMC 25번 자수 실 = 161, 320, 3328, 3347, 3363,
368, 3688, 372, 3821, 3862, 645, 988, 989, ECRU
5번 자수 실 = 3347, 368, 989

자수 도안(실 크기)

- 지정한 것 이외에는 DMC 25번 자수 실 3가닥이고, 5번 실은 1가닥이다.
- 지정한 것 이외에는 새틴 S이다.
- 지정한 것 이외에는 새틴 S이다.
- 카우칭 S는 5번 실 1가닥을 같은 색의 25번 실 1가닥으로 고정한다.
- 지정한 것 이외의 프렌치노트 S는 2번 감기이다.
- 안면에 접착심을 붙인 천에 자수를 놓은 뒤, 자수 둘레에 모드를 바르고 다 마른 다음에 잘라낸다.

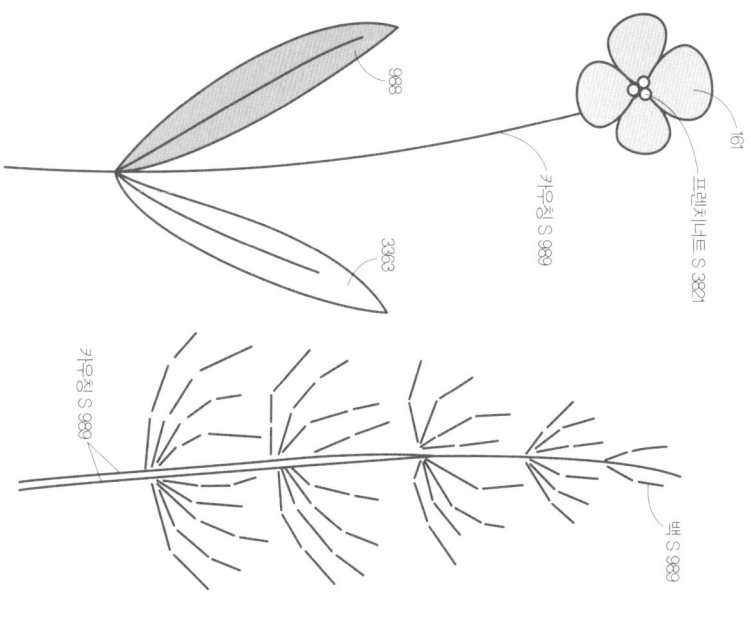

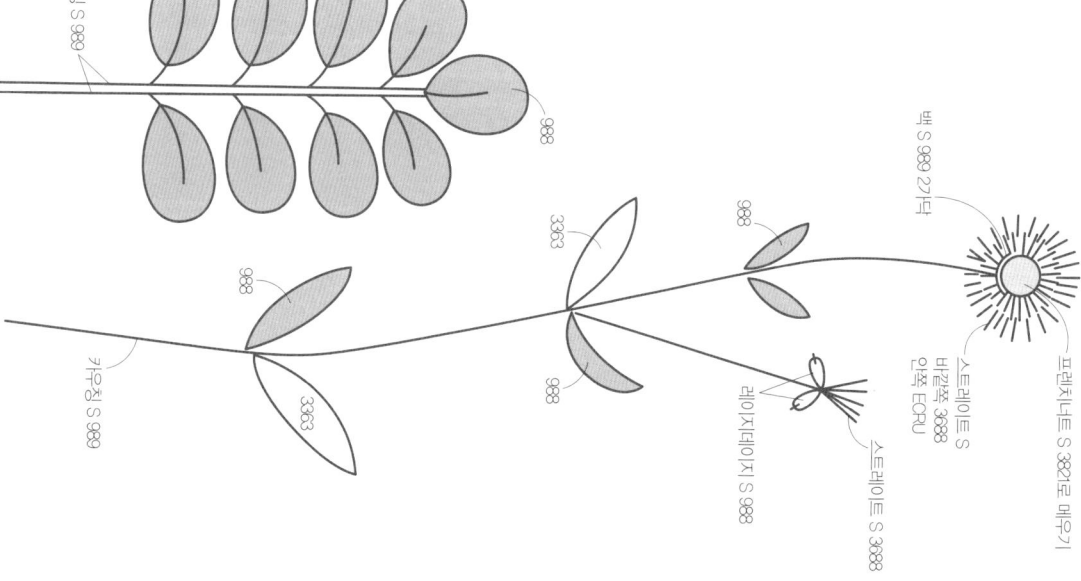

142

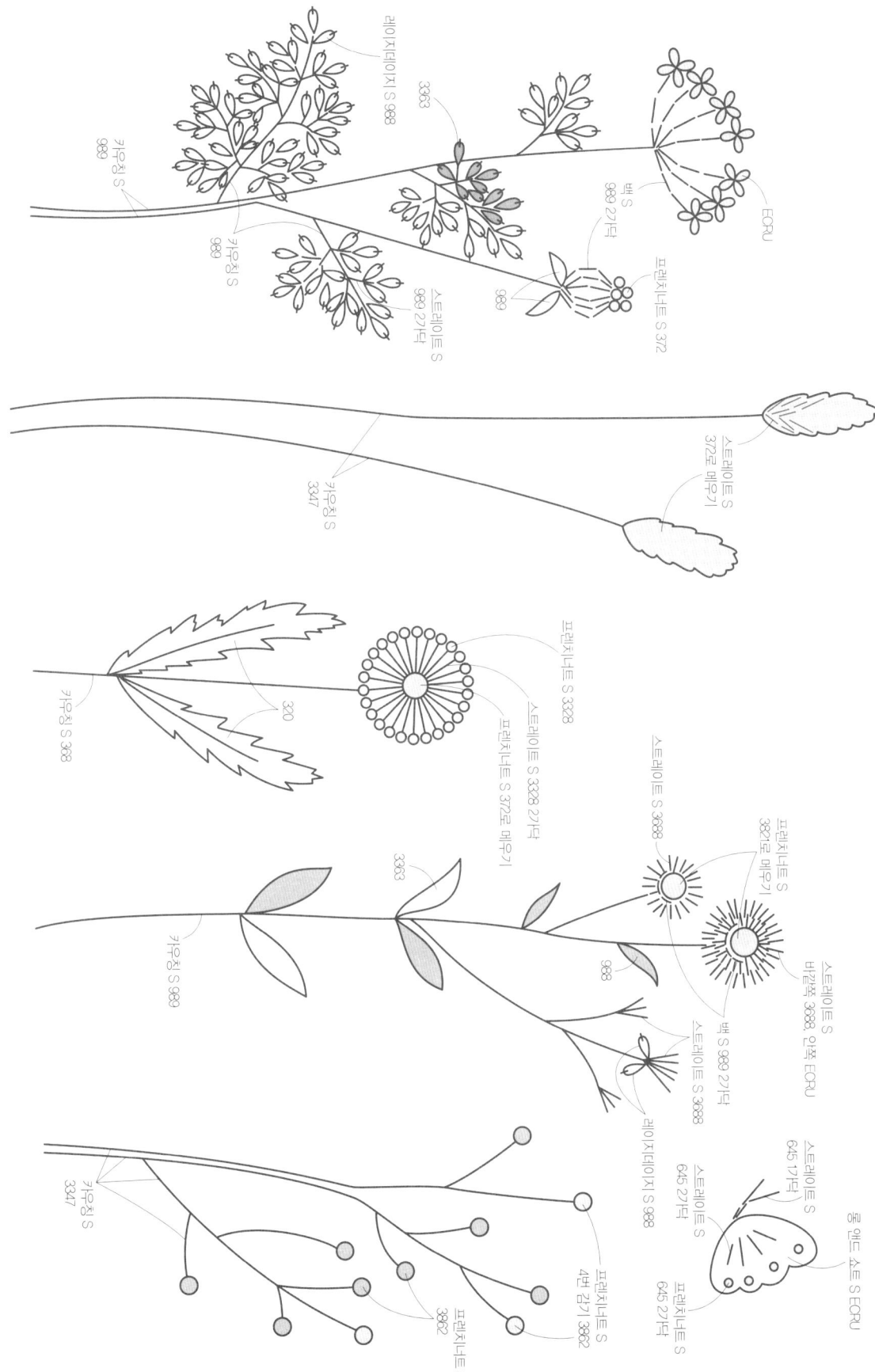

No. 10 - II p.75

roadside의 꽃 똑딱이 파우치

재료
- [실] DMC 25번 자수 실 = 334, ECRU
- [천] 남색 리넨 35×20cm, 파란색 리넨 35×20cm
- [기타] 가방용 접착심 소프트 타입 35×20cm, 똑딱이 프레임 폭 10×높이 4cm, 종이 끈 30cm

[만드는 방법]
1. 리넨에 접착심을 붙인 뒤 자수를 놓는다.
2. 각 부분을 재단한다.
3. 본체 2장을 겉끼리 맞대어 옆면과 바닥을 꿰맨다.
4. 바닥을 평평하게 만들어 모서리를 꿰맨다.
5. 겉으로 뒤집고 입구의 시접을 접는다.
6. 안감을 본체와 똑같이 만든다.
7. 본체에 안감을 넣고 입구를 감친다.
8. 종이 끈을 꿰매 고정하고 똑딱이 프레임을 단다.

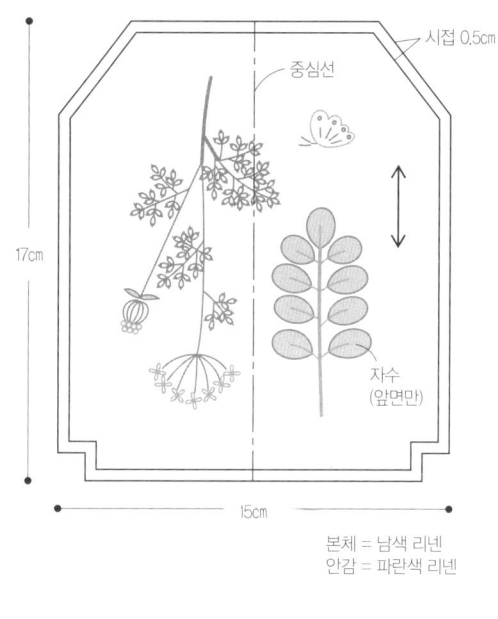

본체 = 남색 리넨
안감 = 파란색 리넨

패턴과 자수 도안(실물 크기)
- 모두 DMC 25번 자수 실이고, 지정한 것 이외에는 3가닥이다.
- 패턴에 시접을 두어 재단한다.

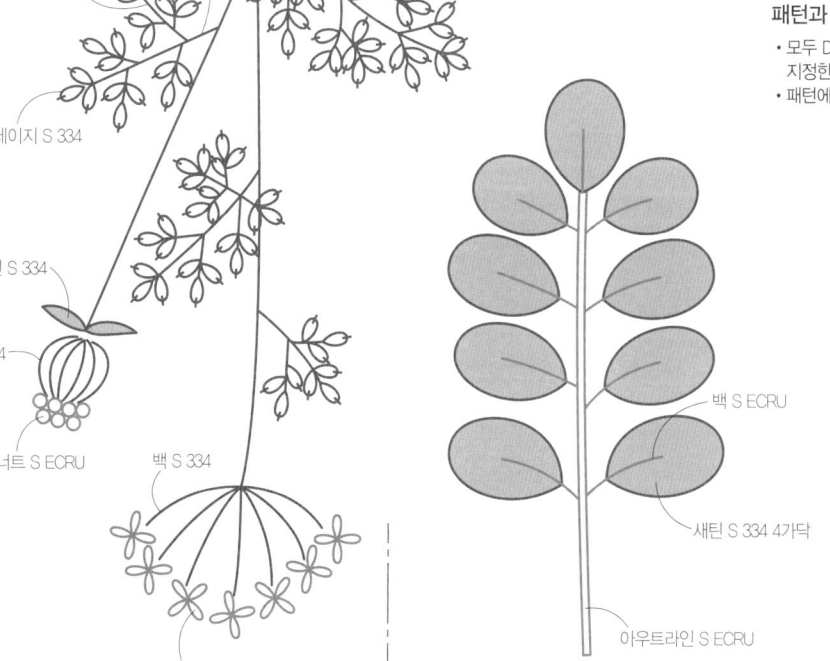

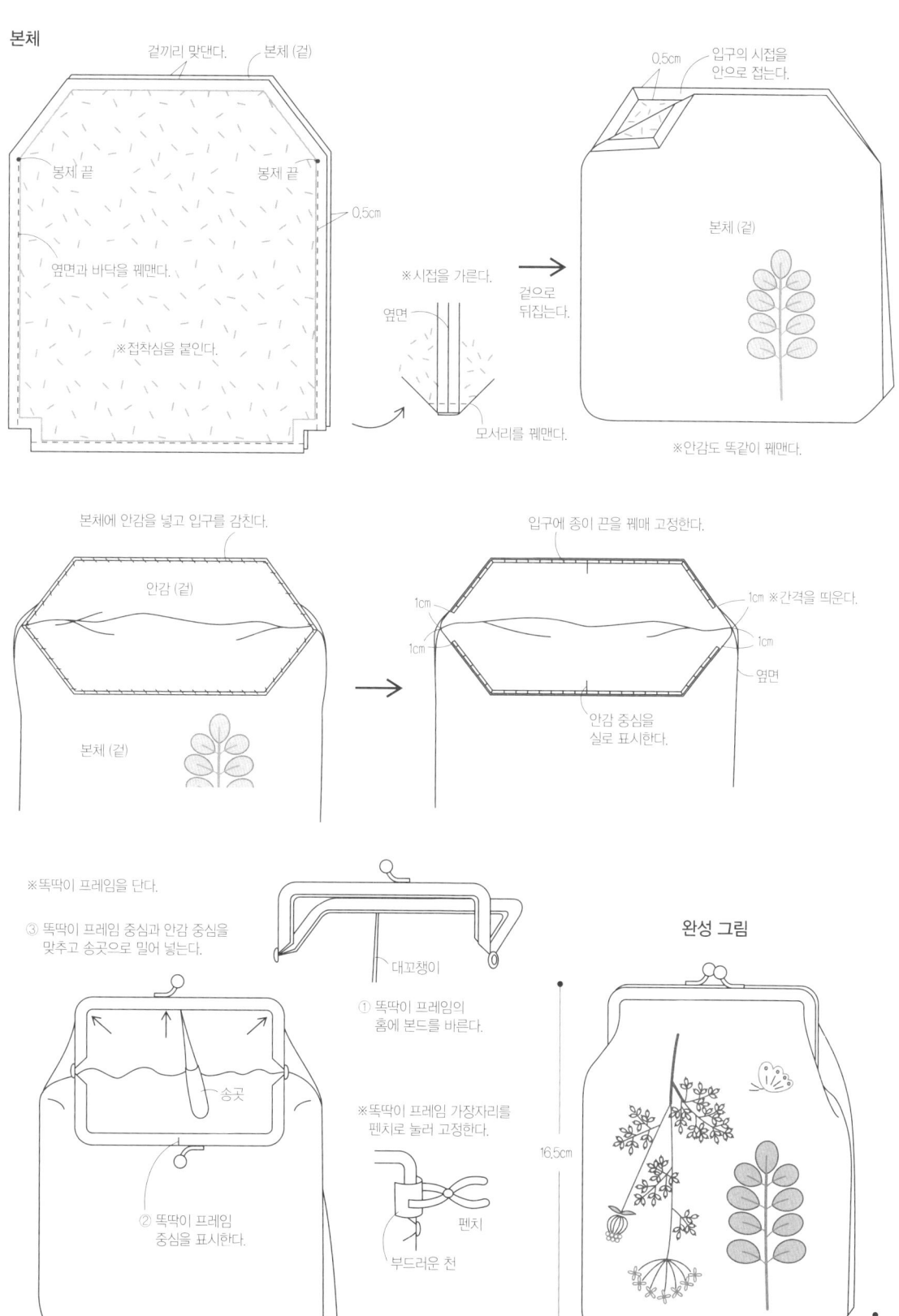

No. 11 - I p.84
유메오리 정원의 바람

재료

[실] DMC 25번 자수 = 153, 156, 161, 3023, 3024, 3328, 3347, 3363, 3733, 3819, 3821, 471, 554, 611, 726, 729, 844, 989
5번 자수 실 = 471, 989   AFE 리넨 자수 실 = 416

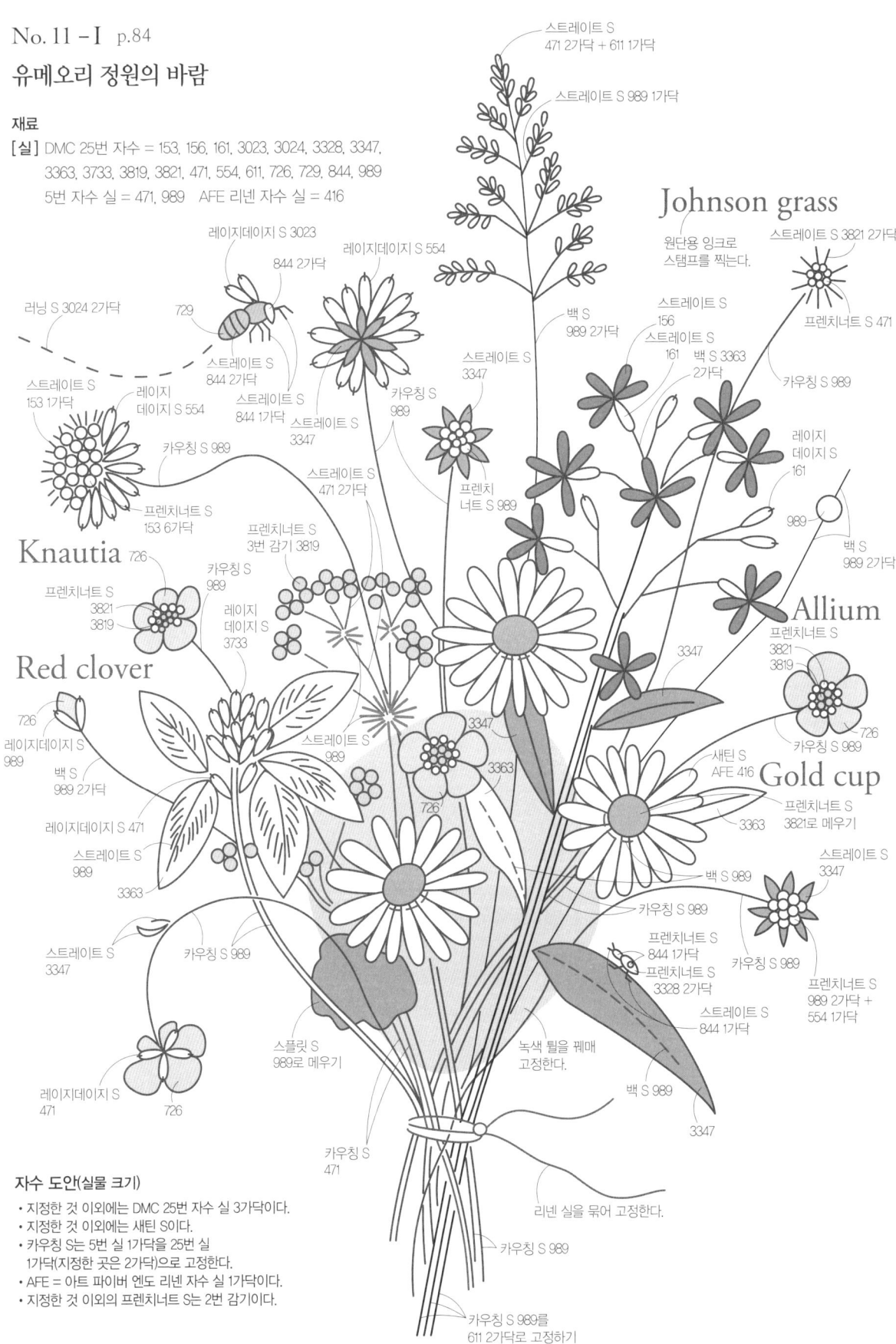

자수 도안(실물 크기)
- 지정한 것 이외에는 DMC 25번 자수 실 3가닥이다.
- 지정한 것 이외에는 새틴 S이다.
- 카우칭 S는 5번 실 1가닥을 25번 실 1가닥(지정한 곳은 2가닥)으로 고정한다.
- AFE = 아트 파이버 엔도 리넨 자수 실 1가닥이다.
- 지정한 것 이외의 프렌치너트 S는 2번 감기이다.

No. 11 - II p.85

들꽃 바구니 커버

재료
[실] DMC 25번 자수 실 = 153, 156, 161, 3346, 3347, 3819, 3821, 3865, 471, 726
[천] 내추럴 리넨 클로스 50×50cm

[만드는 방법]
1 리넨에 자수를 놓는다.
2 둘레에 시접을 두어 재단한다.
3 둘레를 두 번 접어 꿰맨다.
   모서리는 액자 형태로 처리한다.

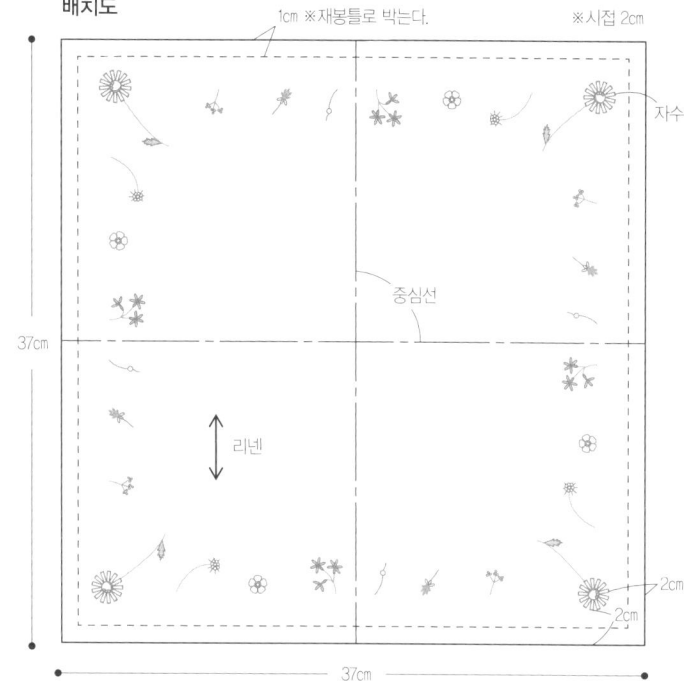

※모서리는 122쪽을 참고해 액자 형태로 처리한다.

자수 도안(실물 크기)

- 모두 DMC 25번 자수 실이고, 지정한 것 이외에는 3가닥이다.
- 지정한 것 이외의 프렌치너트 S는 1번 감기이다.

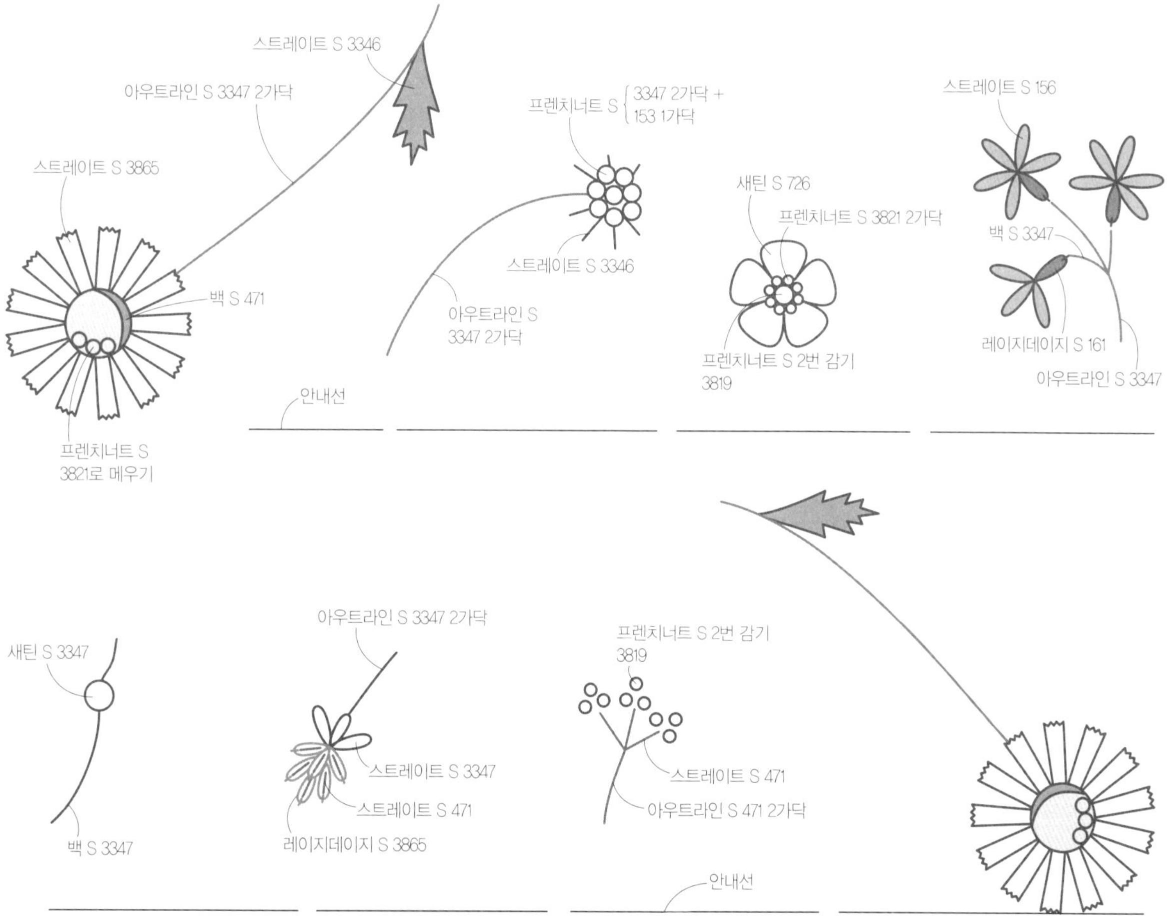

No. 12 – II p.91

향주머니

재료(1점 분량)
[**실**] DMC 25번 자수 실 = 645
[**천**] 회색 리넨 20×35cm
[**기타**] 오건디 2종 각 10×10cm, 튈 10×10cm,
삼끈 40cm, 양면 접착 시트 10×20cm

[**만드는 방법**]
1 리넨에 자수를 놓는다.
2 앞면은 자수 위에 오건디를 붙이고, 튈을 꿰매 고정한다.
3 시접을 두어 재단하고, 둘레를 지그재그박기로 처리한다.
4 안단을 접고 입구를 꿰맨다.
5 시접을 접고 앞뒷면을 안끼리 맞대어 옆면과
   바닥을 꿰맨다.
6 삼끈을 단다.

패턴과 자수 도안(실물 크기)
• 모두 DMC 25번 자수 실이고,
  지정한 것 이외에는 2가닥이다.

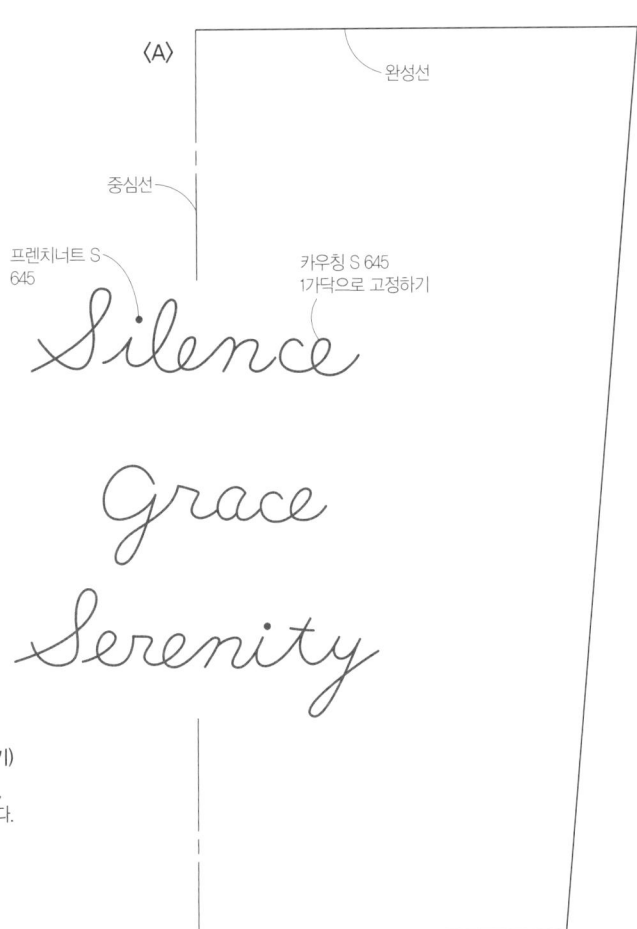

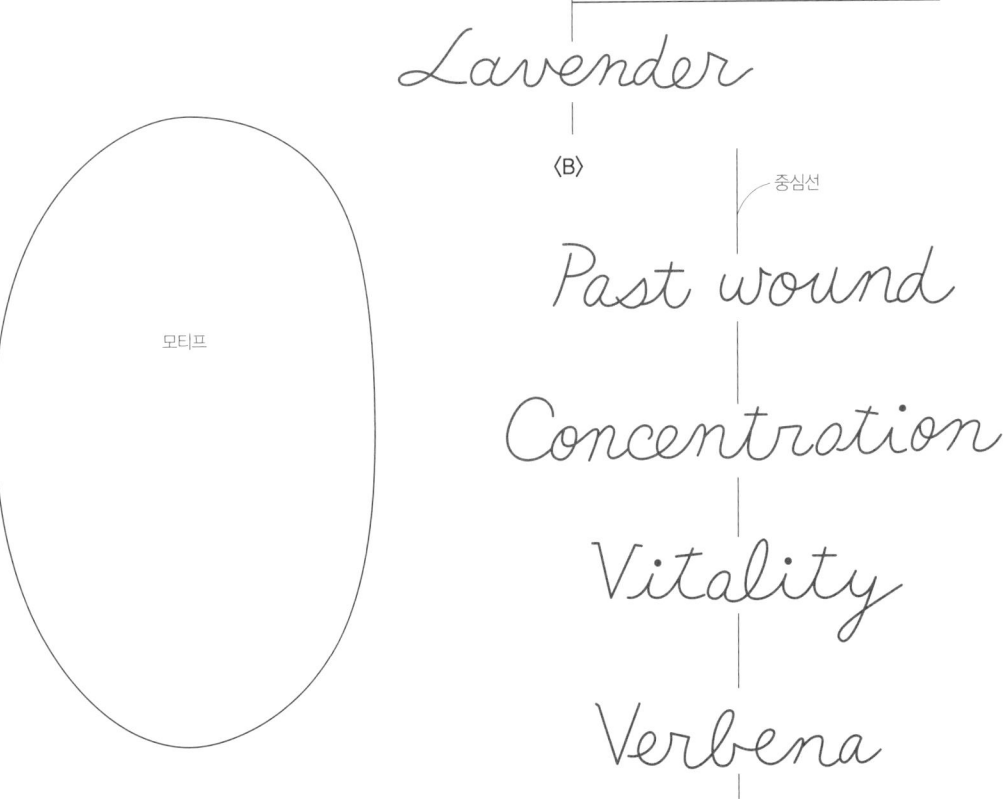

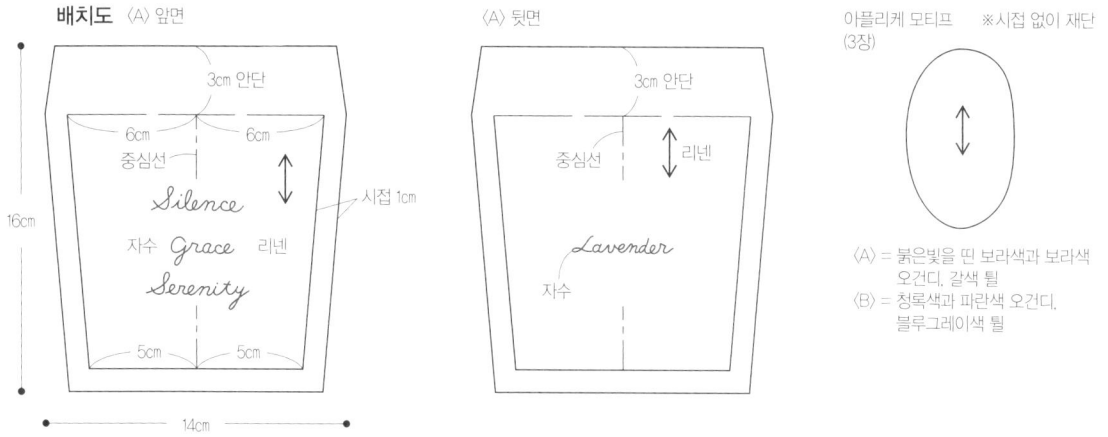
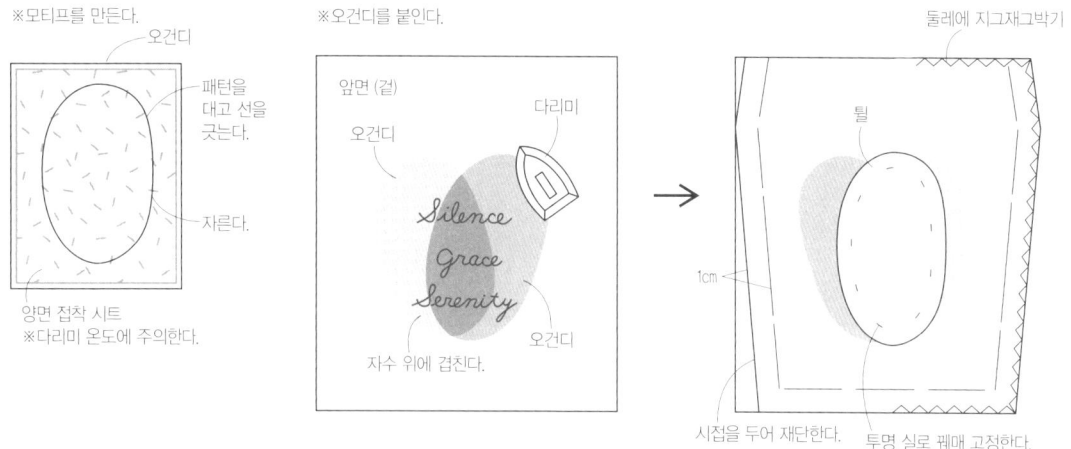
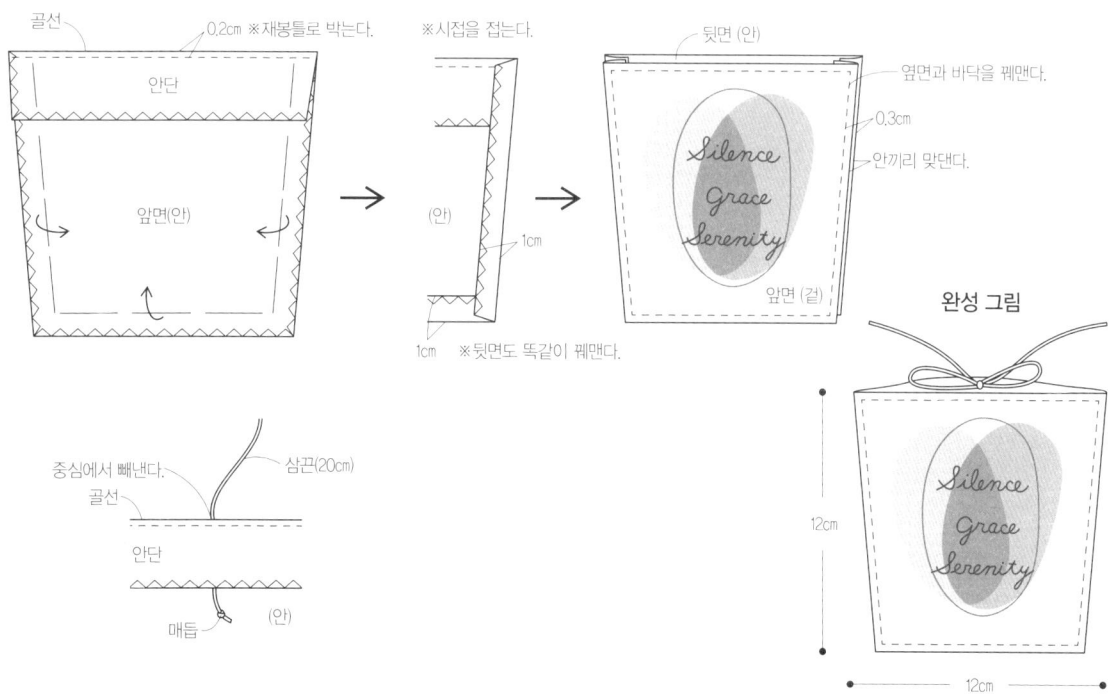

No. 12 - I p.90

향기의 에센스

재료

[실] DMC 25번 자수 실 = 225, 3347, 3363, 3772, 645, 646, 822, 841, 989
5번 자수 실 = 841
리넨 실

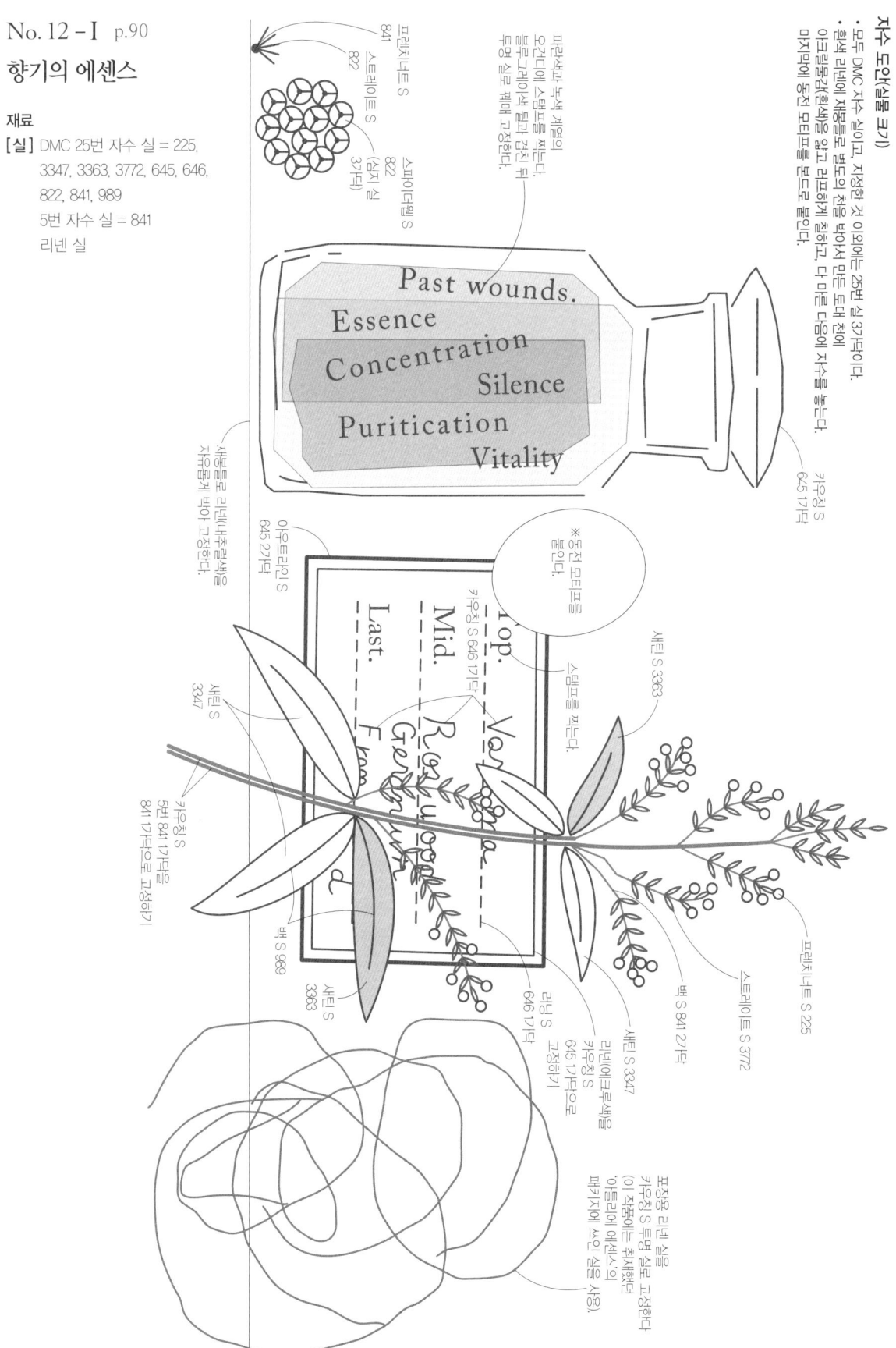

No. 13 - I p.96
마루후쿠 농원의 허브

재료
[실] DMC 25번 자수 실 = 153, 168, 18, 24, 3051, 3053, 3347,
3348, 3821, 523, 612, 646, 680, 822, 844, 907, 988, 989
5번 자수 실 = 3051, 3053, 3347, 612, 989
AFE 리넨 자수 실 = 208, 908

자수 도안(118%로 확대해 사용)
- 지정한 것 이외에는 DMC 25번 자수 실 3가닥이다.
- AFE = 아트 파이버 엔도 리넨 자수 실 1가닥이다.
- 지정한 것 이외에는 새틴 S이다.

스트레이트 S 988

프렌치너트 S 18로 메우기

레이지데이지 S 3347

레이지데이지 S 988 2가닥 + 612 1가닥

프렌치너트 S 153 1가닥
스트레이트 S 24 1가닥
153

카우칭 S 5번 612 1가닥을 612 1가닥으로 고정하기

카우칭 S 5번 3347 1가닥을 3347 1가닥으로 고정하기

카우칭 S AFE 908을 612 1가닥으로 고정하기

프렌치너트 S 3821로 메우기

레이지데이지 S 168

988

프렌치너트 S 18로 메우기

스트레이트 S 844 2가닥
680
스트레이트 S 844 1가닥
프렌치너트 S 24
844

백 S 612

스트레이트 S 3347

레이지데이지 S 822

988

프렌치너트 S 5번 989 1가닥

카우칭 S AFE 208을 989 1가닥으로 고정하기

백 S 989

스트레이트 S 988 2가닥
레이지데이지 S 988 1가닥

카우칭 S 5번 989 1가닥을 같은 실 1가닥으로 고정하기

523

3347

스트레이트 S 907

스트 레이트 S 989 1가닥

레이지데이지 S 3347

프렌치너트 S 907

스트레이트 S 989 1가닥
988

523

카우칭 S AFE 208을 3347 1가닥으로 고정하기

백 S 523   988

스트레이트 S AFE 208

988   백 S 612

5번 3347 1가닥

아웃라인 S 3347

907
백 S 3348

스트레이트 S 646 1가닥

백 S 646 1가닥

스트레이트 S 523

카우칭 S 5번 3053 1가닥을 3053 1가닥으로 고정하기

레이지데이지 S 5번 3051 1가닥

카우칭 S 5번 3051 1가닥을 3051 1가닥으로 고정하기

스트레이트 S AFE 208

카우칭 S 5번 612 1가닥을 612 1가닥으로 고정하기

녹색 계열의 농담이 다른 틸을 여럿 겹친다.

151

No. 13 - II p.97

허브 엽서

재료(3점 분량)
- [실] DMC 25번 자수 실 = 153, 3053, 3347, 523, 612, ECRU
- [천] 흰색 새틴 20×20cm
- [기타] 접착심 20×20cm, 엽서 10.5×15cm

[만드는 방법]
1. 흰색 새틴에 접착심을 붙인 뒤 자수를 놓는다.
2. 자수 둘레의 천에 본드를 바른다. 본드가 마른 뒤 자수에서 1mm 정도 여유를 두어 천을 자른다.

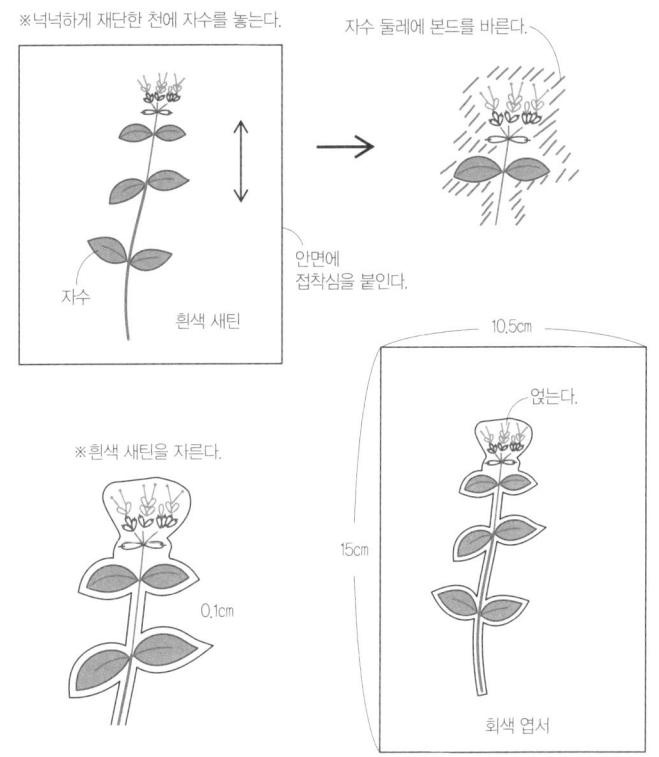

자수 도안(실물 크기)
- 모두 DMC 25번 자수 실이고, 지정한 것 이외에는 3가닥이다.

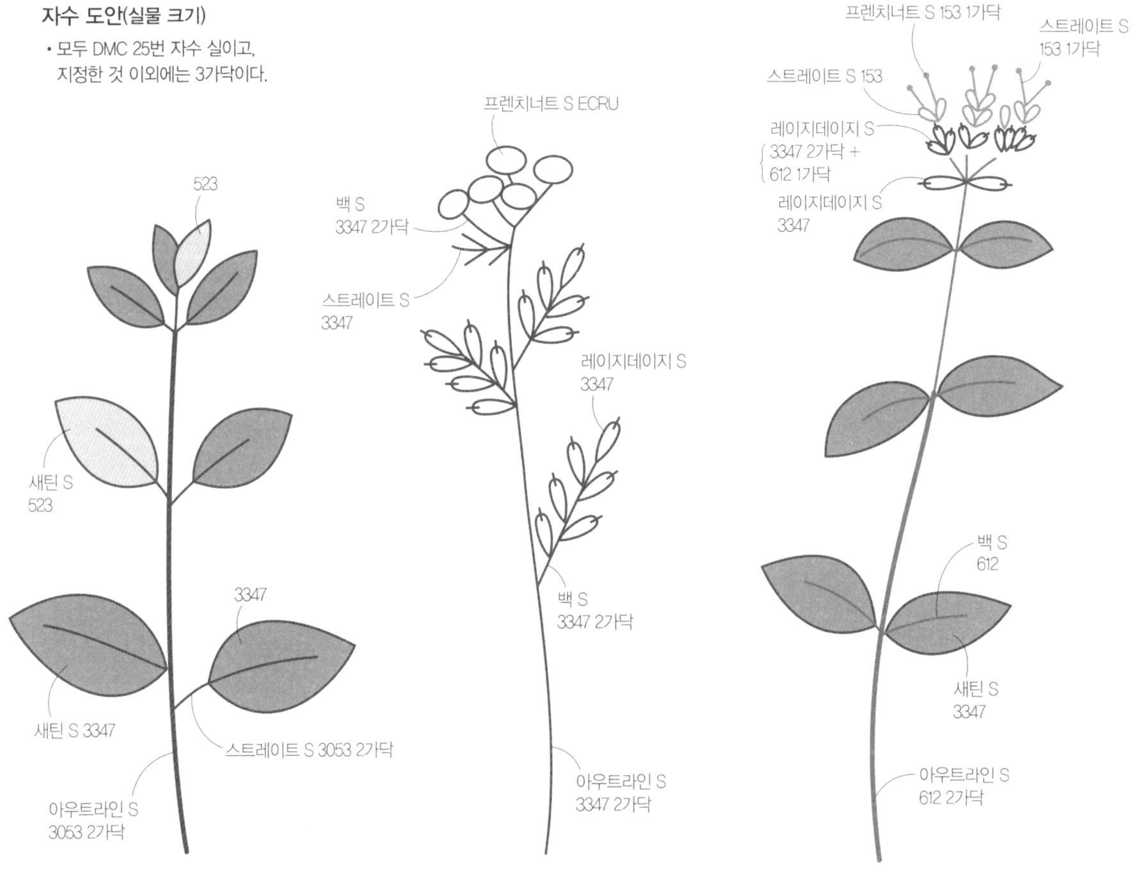

523
새틴 S 523
3347
새틴 S 3347
스트레이트 S 3053 2가닥
아우트라인 S 3053 2가닥

프렌치너트 S ECRU
백 S 3347 2가닥
스트레이트 S 3347
레이지데이지 S 3347
백 S 3347 2가닥
아우트라인 S 3347 2가닥

프렌치너트 S 153 1가닥
스트레이트 S 153 1가닥
스트레이트 S 153
레이지데이지 S 3347 2가닥 + 612 1가닥
레이지데이지 S 3347
백 S 612
새틴 S 3347
아우트라인 S 612 2가닥

152

No. 14 - I p.102
코토토코의 사브레

재료
[실] DMC 25번 자수 실 = 02, 03, 3862, 3863, 839
　　　AFE 리넨 자수 실 = 402

자수 도안(125%로 확대해 사용)
- 지정한 것 이외에는 DMC 25번 자수 실 2가닥이다.
- AFE = 아트 파이버 엔도 리넨 자수 실 1가닥이다.
- 토대 천(흰색 리넨)에 아크릴물감(흰색)을 칠하고, 다 마른 뒤에 자수를 놓는다.

회색 리넨에 양면 접착심을 붙이고 안쪽을 오려 낸 뒤 토대 천에 붙인다.

카우칭 S
AFE 402를
03 1가닥으로
고정하기

러닝 S 02

아우트라인 S 3862

참 장식

새틴 S 839

카우칭 S
3863 1가닥을
같은 실 1가닥으로
고정하기

백 S 3862

프렌치너트 S
2번 감기 3862

휘프트
체인 S
3862
3가닥

스트레이트 S
3862

레이지
데이지 S
3862

스플릿 S
3862로
메우기

백 S
839

주석 재질의
참 장식을 붙인다.

스트레이트 S
3862

프렌치너트 S
3862

새틴 S
3862

갈색 리넨에 양면 접착심을 붙이고
모티프 모양대로 잘라 토대 천에 붙인다.

새틴 S
839

새틴 S
3862

카우칭 S
3863 1가닥을
같은 실 1가닥으로
고정하기

스플릿 S
3862로
메우기

백 S 3862

백 S 839

참 장식

아우트라인 S
3862

레이지데이지 S
3863

천을 재봉틀의 프리 모션 기능으로 고정한다.

No. 14 - II p.103

화이트 초콜릿 브로치

재료(1점 분량)
[실] AFE 울 자수 실 = 416
[천] 울 10×12cm, 토대용 회색 스웨이드 5×6cm
[기타] 길이 2.5cm의 브로치 핀, 타원형 브로치 심지
(클로버 싸개 단추, 머리끈용 오벌 55)

[만드는 방법]
1 울에 자수를 놓는다.
2 타원형으로 자른다.
3 둘레를 홈질한 뒤, 브로치 심지를 놓고 실을 당겨서 꽉 오므린다.
4 뒤쪽에서 블랭킷 스티치를 놓는다.
5 뒤쪽에 스웨이드를 붙인다.
6 브로치 핀을 붙인다.

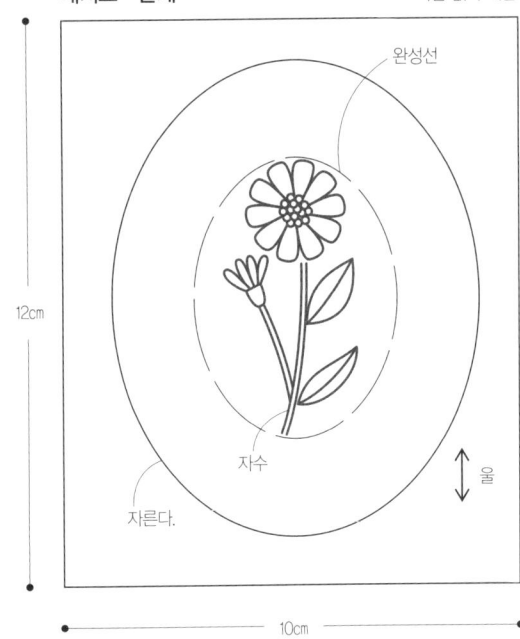

배치도 본체
※시접 없이 재단
완성선
12cm
자수
자른다.
10cm

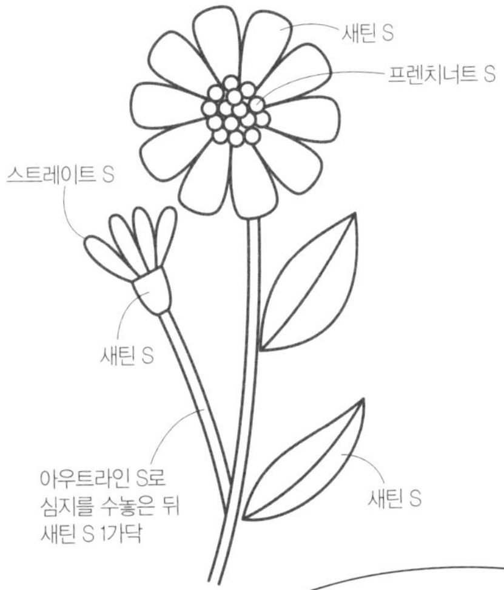

패턴과 자수 도안(실물 크기)
• 모두 AFE 울 자수 실 416이고, 지정한 것 이외에는 2가닥이다.
• 프렌치너트 S는 모두 1번 감기이다.

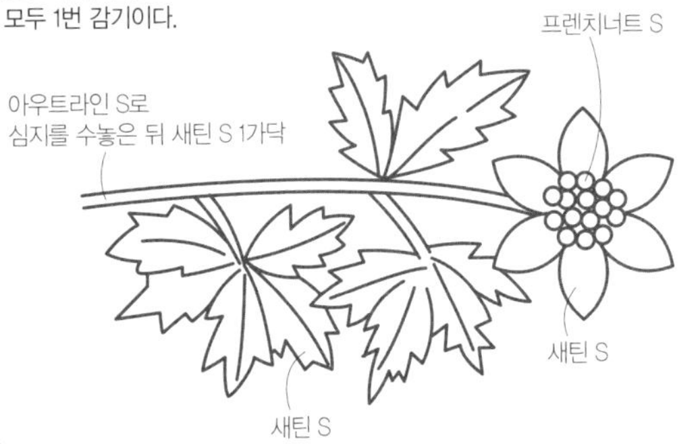

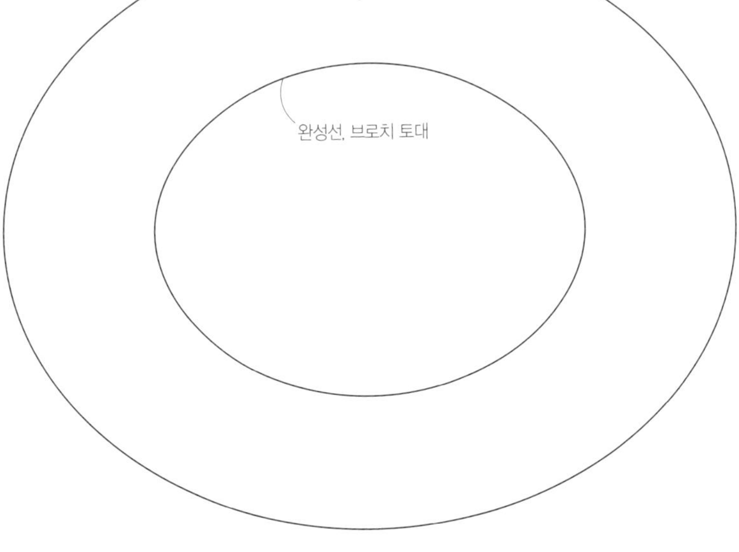

새틴 S
프렌치너트 S
스트레이트 S
새틴 S
아우트라인 S로 심지를 수놓은 뒤 새틴 S 1가닥
새틴 S

아우트라인 S로 심지를 수놓은 뒤 새틴 S 1가닥
프렌치너트 S
새틴 S

완성선, 브로치 토대

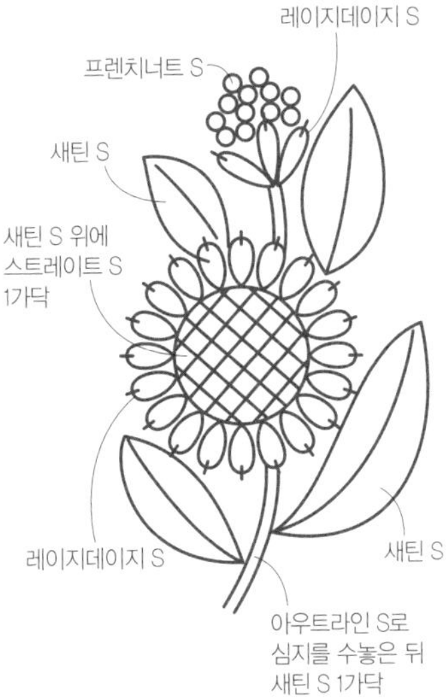

레이지데이지 S
프렌치너트 S
새틴 S
새틴 S 위에 스트레이트 S 1가닥
레이지데이지 S
새틴 S
아우트라인 S로 심지를 수놓은 뒤 새틴 S 1가닥

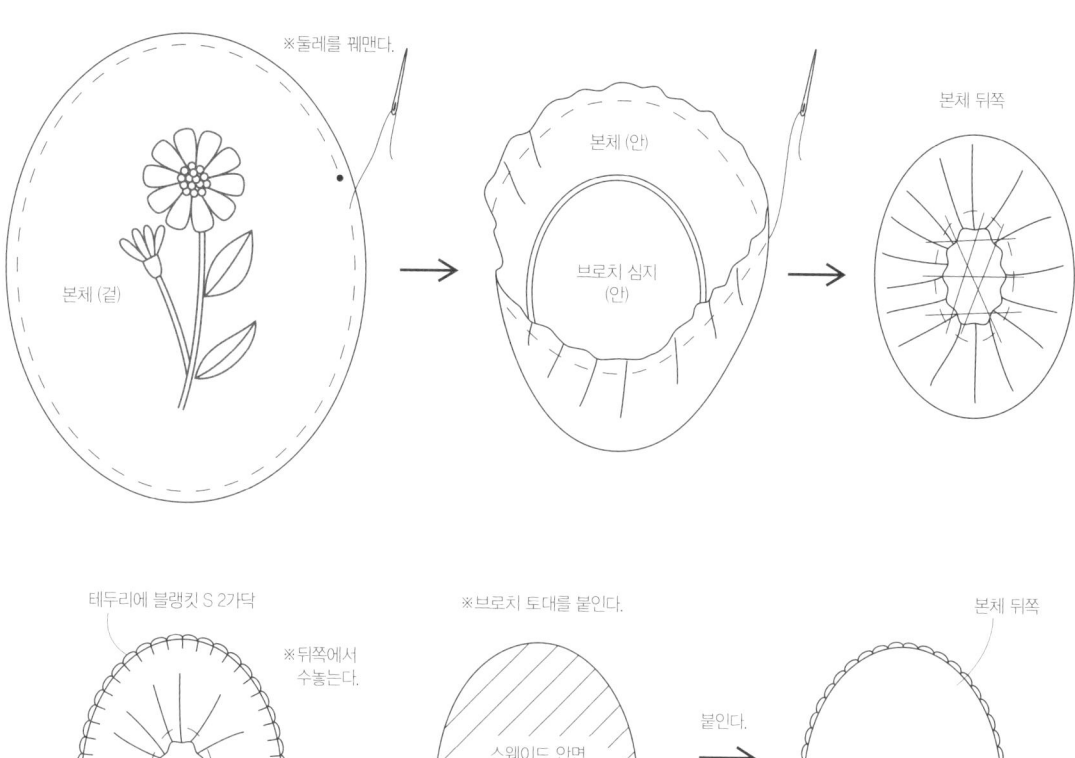

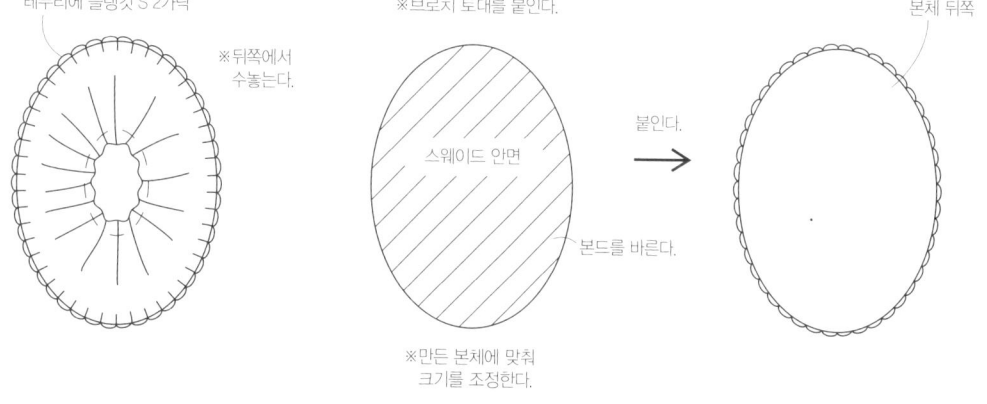

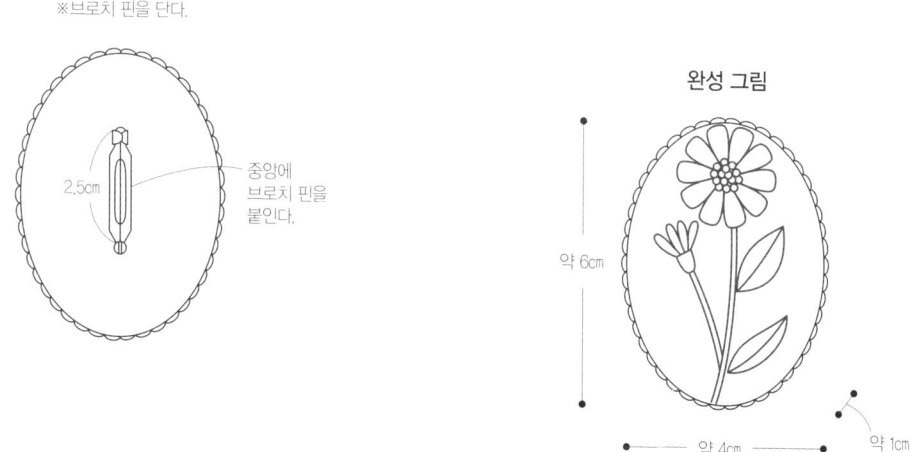

No. 14   p.100
겨울의 선물

재료
[실] DMC 25번 자수 실 = 844
흰색 리넨 실

No. 15 - I p.108
닐스의 이상한 여행

재료
[실] DMC 25번 자수 실 = 3046, 312, 3328, 420, 813, 823, BLANC
AFE 리넨 자수 실 = 303

자수 도안(실물 크기)
- 지정한 것 이외에는 DMC 25번 자수 실 2가닥이다.
- AFE = 아트 파이버 엔도 리넨 자수 실 1가닥이다.
- 지정한 것 이외에는 새틴 S이다.
※집 벽은 리버스 아플리케를 한다.
  (토대 천을 오려 낸 다음 그 아래에 별도의 흰색 천 겹치기)

No. 15 – II p.109
파란 히아신스

재료(1점 분량)
[실] DMC 25번 자수 실 = 336, 799
[천] 흰색 리넨 20×20cm, 펠트 20×20cm
[기타] 접착심 20×20cm, 타원형 자수틀 14.5×9.5cm 1개

[만드는 방법]
1 흰색 리넨에 접착심을 붙인 뒤 자수를 놓는다.
2 자수틀에 끼우고 둘레를 3cm 남겨 자른 뒤, 홈질해 오므린다.
3 핑킹가위로 펠트를 같은 치수로 자른 뒤, 뒷면에 본드로 붙인다.

자수 도안(실물 크기)
• 모두 DMC 25번 자수 실이고, 지정한 것 이외에는 3가닥이다.

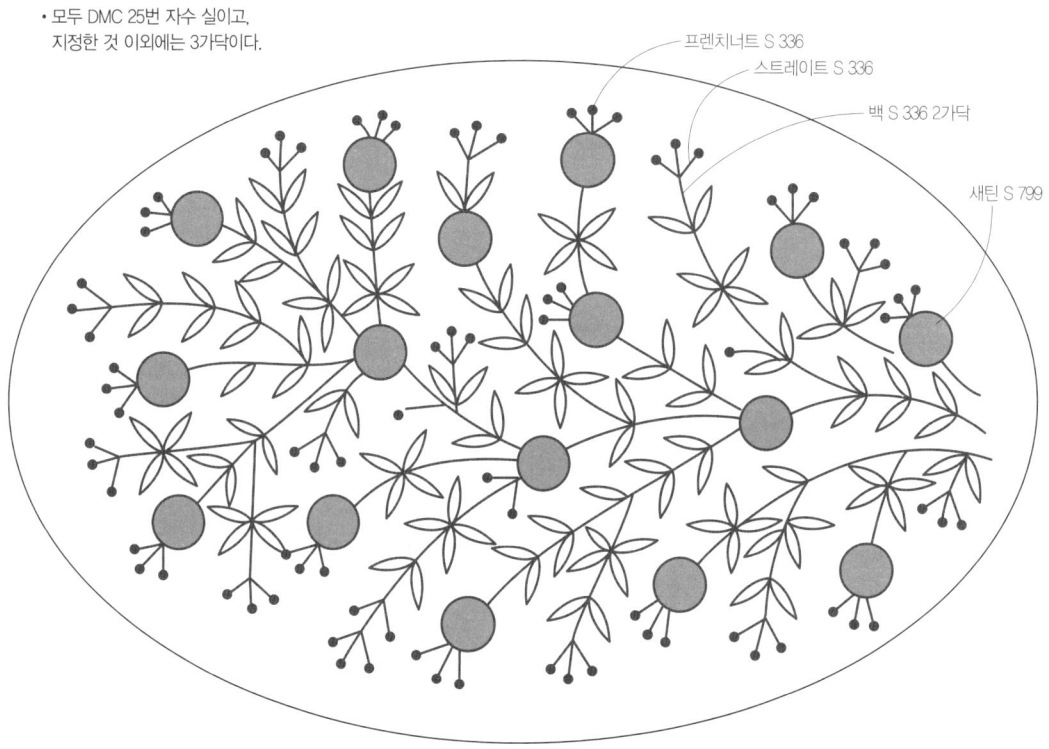

프렌치너트 S 336
스트레이트 S 336
백 S 336 2가닥
새틴 S 799